労働災害
分類の手引き

統計処理のための
原因要素分析

中央労働災害防止協会

序

　労働災害は長期的には減少傾向にあったものの，近年は増減を繰り返しており，労働災害による休業4日以上の年間死傷者数は新型コロナウイルス感染症関係を含めると約23万人にも上ります。

　労働災害により労働者が死亡または休業した場合，事業者から所轄の労働基準監督署長に対し，労働者死傷病報告の提出が求められていますが，事業者は，その報告を作成する際に災害発生原因の分析を行うことで，自主的な安全管理の重要性を再認識し，同種の災害の再発防止対策を検討する機会にもなっています。

　本書は，事業場において災害の種類や原因についての統計分析が的確に行われ，労働災害の再発防止が適切に行われるように，現在，厚生労働省が災害の統計分析に用いている「事故の型」と「起因物」の分類について，数多くの災害事例を示しながら，的確に分類整理する方法を詳細に解説したものです。

　本書では，まず正しく労働災害の発生状況を把握することを目的として，災害発生のモデルと災害原因について具体的な図解等を用いて解説しています。加えて，労働者死傷病報告の記入方法にもふれ，事業場における実践的な活用方法を示しています。また，労働災害原因の分析は，労働者のヒヤリ・ハット経験を分析することにも活用できます。労働災害，ヒヤリ・ハット経験の原因分析により職場に潜む危険要因を的確に把握することは，リスクアセスメント実施の第一歩となり，労働災害発生の未然防止に役立ちます。

　本書に示された災害分類の方式が，安全管理者，安全担当者等関係者に用いられ，より多くの事業場における労働災害の再発防止の基礎として活用され，労働災害の一層の減少に寄与することができれば幸いです。

令和5年2月

中央労働災害防止協会

目　　　次

第1章　ま　え　が　き

　むかし，ローマにセルウィウス・トウリウス（Servius Tullius）という王様がいて，ローマ市民からいかにしたら合理的に税金を徴収できるかと思案のすえ，彼らの財産の多寡によって市民を区分けして税金を取り立てる方法を考えついたといわれる。それは，税金を取り立てるにあたって，市民をある範囲を決めて5つの階級（6階級という説もある）に分けたのであるが，このように区分けした階級のことをクラッシス（Classis）と呼んだということである。

　これから，ある1つの基準にしたがって，クラス分けすることを「分類」（Classification）というようになったといわれている。

　セルウィウス・トウリウス王が困難な事態に遭遇した際に対象を分割する方法を考えついたごとく，災害発生の原因をつかもうとして，はっきりしない場合に，対象となるものを分類してみると手がかりが得られることが案外多い。ここに分類の本来の意義がうかがえるようである。

　一般的に，ある基準にしたがって分類された統計数値を読む場合は，クラス分けの分類項目，その分類項目設定にあたっての各種の条件等をあらかじめ把握して，読み誤りのないように心がけることが必要である。

　これから本文において解説する「事故の型および起因物分類」は，厚生労働省が災害発生の実態をより的確に把握するために，労働災害発生のモデルを物と人との接触としてとらえた場合に，そのモデルを構成するいくつかの要素のうち，把握しやすい「事故の型」と「起因物」について分類項目を組み立てたものである。

　また，実際に発生した災害について，この分類をあてはめる場合に，ど

のように考えればよいか，その手順の解説と，これに関連して「労働者死傷病報告」の記載方法等実務面の説明も加えている。

　事業場においてもこの分類を理解し，この分類項目を取りまとめる際の手引として，また事業場における独自の分類項目への手引きとして本書を活用していただきたい。

第2章　災害原因分類改訂の経緯

　労働省（当時。現・厚生労働省）では，昭和48年に全数統計に用いる災害原因分類の方法を昭和23年から使用してきた方法から現在の「事故の型および起因物分類」に改めた。

　昭和48年以前の方法は，原因をあらわす分類というよりは，種類または事由分類といった方が適切なもので，若干もの足りない面もあり，変動の激しい社会情勢を反映してますます複雑多様化する対象物の把握の方法等を含め災害原因分類については，労働省産業安全研究所（当時。現・（独）労働者健康安全機構労働安全衛生総合研究所）をはじめ，鉄鋼，自動車，造船などの業界および陸上貨物運送事業労働災害防止協会においても検討が加えられてきた。

　その間，国際的には，1962年（昭和37年）に第10回ILO（国際労働機関）国際労働統計家会議において事故の型および起因物分類等が採択され，また同年ASA（アメリカ規格協会：当時。現・ANSI）の分類コードが改訂されるなど，災害原因分類改訂の機運が高まっていた。

　そこで，労働省（当時）においては，ILOの分類およびASAの分類などを骨子として，主要な業種について，詳細に原因要素分析をする場合に，災害1件1件について多項目にわたる分類を行い，各要素ごとの組み合わせ統計をつくる方式を採用した。

　しかし，この方式は，労働災害の全数統計に用いるなど大数観察用としては詳細に過ぎ，一般用としては，分類項目とか調査方法には自ずと限度がある。このため，①災害発生のモデルを確定すること，②約50万件の災害を対象とする大数観察用の分類項目であること，③分類項目は必要最小

限度にとどめること，④現行の災害原因分類，国際的な分類との関連もできれば保つこと，⑤法規制対象を明確にすること，などの方針のもとに，前述の原因要素分析の分類項目の一部である事故の型と起因物の2種類の分類について，さらに分類項目を大まかなものとして昭和48年に，従来の災害原因分類にかえて，「事故の型および起因物分類」として新しい分類とした。

　その後，労働安全衛生法令の改正により，新たに規制対象機械等が加えられたこと等を踏まえ，平成10年と平成27年の2度にわたり起因物分類の一部が改正された。

第3章　災害発生の要因

1　災害発生のモデル

　災害を分析検討する場合にまず考えることは，この災害は"なぜ"起こったのだろうかということである。

　これは，労働災害という結果をもたらした原因について考え，その本質を究明しようとする態度である。

　ところが，原因はいろいろの要素が複雑にからみあうとともに，把握の方法によっても異なるなど，その実態はなかなかつかみにくいものである。

　そこで，原因の実態をつかむには，原因のもととなる要素の組み合わされた構造をある程度想定し，これをいくつかの要素に分析してみることが必要である。

　災害発生の各種要素の関係をごく大ざっぱにみると**第1図**のようにほぼ3種類のタイプに分けられる。

　（イ）は各要素がそれぞれ独立に組み合わされて災害が発生することをあらわしたものでこれは「集中型」と呼ばれている。

　（ロ）はある要素がもととなって，次の要素が生まれ，さらに，それが次の要素を生むというように，要素が連鎖的に次々に発展していくタイプで，これは「連鎖型」といわれている。

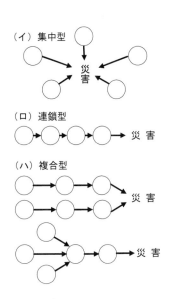

第1図　災害発生のタイプ

　（ハ）は上記の集中型と連鎖型との混合したもので，その組合せは無数に存在する，このタイプは「複合型」といわれている。

　以上はタイプとして3種類に分けたものであるが，普通は（イ）だけとか（ロ）だけといった単純なタイプのものはまれで，大部分は（ハ）のタイプに属するものであり，各要素が複雑にからみあったものとして示される場合が多い。

　代表的な型として複合型について，これをブレイクダウンした災害発生のモデルについて考えてみよう。

　災害の発生は，現象面でとらえると物と人の両方の要素による場合が極めて多い。なかには，物だけ，あるいは人だけが原因で起こる災害もあるが，これらはごく一部分である。

　第2図のように物と人の要素を一次要素とすれば，一次要素は，さらに他の要素に制約されていることから，これを二次要素とし，順次三次，四次と関連する他の要素に分けられる。いま，この最終段階のものを独立要素とすれば，災害の発生と各要素との関係は，それぞれ独立の要素が一定の順序，形態で組み合わされたときに災害が発生し，その組合せは多分に確率的で偶然に支配されているともいえる。

　以上は，災害発生の形態を主として各要素間の関係をもとに明らかにしたものである。

　次に災害発生のメカニズムを考えてみよう。

　第3図は災害発生のメカニズムを，最も簡単な基本的モデルで示したものである。

　この図の災害とは，物が人に直接接触した現象とか，人が有害環境下にばく露された現象を示し，物と人との接

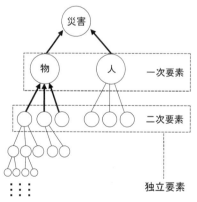

第2図　災害発生と物と人の
　　　　要素の関係

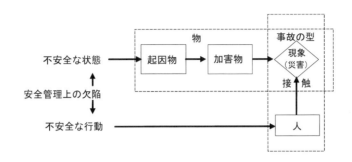

第3図　災害発生の基本的モデル

触現象を 物 と 人 との組合せとして表現したものである。

　そして，この物と人とが組み合わされた接触の現象を「事故の型」として示している。

　この事故の型の詳細については23ページの定義を参照すること。

　さらに，このモデルにおいて物の原因としては，これを「不安全な状態」として示しており，その不安全な状態があった物を「起因物」としてあらわしている。

　「不安全な状態」とは，事故を起こしそうな状態，または事故の原因をつくり出しているような状態をさしているということができる。

　一般的には，この物の不安全な状態を物的欠陥として災害原因にあげている。

　また同図の物のうち，直接人に触れて危害を加えた物を加害物として

のようにあらわしているが，この起因物と加害物とは，同じ物である場合もあり，異なる場合もある。両者の関係の詳細については26ページの起因物の定義を参照すること。

　人についての原因としては，これを「不安全な行動」として示してある。

　「不安全な行動」とは，災害の原因となった人の不安全な行動をいう。この不安全な行動のなかには，知らなくて不安全な行動をしたという場合もあり，知っていて故意に不安全な行動をしたという場合もある。

　また，ここでいう「人」は被災者本人である場合もあり，第三者の場合もある。

　一般的には監督者の指示どおり行った行動は，不安全な行動とはみなさないで，むしろ監督者の指示によって生じた危険は「不安全な状態」とすることが望ましい。

　以下，すでに第2図でみたように，順次その要素をたどっていくこととなる。

　ここで，物の「不安全な状態」と人の「不安全な行動」が存在し，これらの組合せによって災害が発生するに至った事業場内における管理の欠陥を「安全管理上の欠陥」として示してある。

　つまり，不安全な状態はなぜあったのか，不安全な行動をなぜしたのかという原因の探究をしようということであって，これは，不安全な状態と不安全な行動のそれぞれにも問題があるが，この両者の組合せがなぜ起こったかということにも問題がある。そしてなぜ災害発生前に対策が行われなかったかという核心にふれることとなる。

　これが災害防止対策の決め手となる場合が多いが，このように管理的な面を含むようになると，かなり多くの他の要素が複雑にからみあうことはもちろん，管理的責任の追及という形になりやすいため，事実がかくされやすいものであり，実務にあたっては特に留意を要する。

2　分析のあり方

（1）厚生労働省における災害原因要素の分析

　災害は，その発生する場面が微妙にくいちがうことによって，その発生の様式を異にするが，業種，機器，作業内容などが特定されると，しばしば近似したパターンをもつことが認められている。

　この点に注目して，過去の災害をできる限り集め，これを統計的手法によって分類検討し，災害のもつ共通のパターンをみつけようとするのがこの分析法のねらいである。

　この統計的手法による原因要素分析の手法には，簡単なものから複雑なものまでいろいろとあるが，種々の制約をうけて，その項目はある限度にとどめざるを得ない。また，あまり細かく分類するとかえって分散がひどくなり，統計としては役に立たなくなるおそれもある。

　厚生労働省においては，とくに行政上必要な業種について詳細に原因要素分析をする場合に，災害1件1件について被災者の性別，年令，職種，経験，傷病名，傷病の部位，傷病の程度，作業の種類，事故の型，起因物，起因物の部分，不安全な状態，不安全な行動等の多項目にわたる分類を行い，各種の要素ごとの組み合わせ統計をつくる方式を採用している。

　さきにモデルに示した要素のうち，これらの詳細な分析の結果，災害防止対策を決める場合に必要となる事項であって，具体的に把握され，しかも主観の入る余地の少ない事故の型および起因物の2種類を原因要素分類としている。

　この分類においては，分類項目の種類が少なすぎるようにも考えられるが，この分類項目は前述のように，厚生労働省が全数統計として分布状態等災害の動向を把握することを主眼として事業場から提出される労働者死傷病報告（様式第23号）をもととしてこれを分類するものである。したがって，特定の訓練された調査員が一定の方式によって調査するものとは異な

りおのずから精度に限度がある。

　そのため，不安全な状態や，不安全な行動などは，本来災害防止を図る
うえで，欠かすことができない分類項目ではあるが，不正確になることを
避けるため，思い切って割愛している。

　しかし，定義等から明らかなように，起因物は，原則として不安全な状
態の存在するものであるが，災害に関係した事物を容易に把握できるよう
にするため，たとえば，自動車の運転誤りによる交通事故のように人にの
み不安全な要素がある場合には，その加害物である自動車をもって起因物
とする等，その範囲を拡大して，不安全な状態および不安全な行動の要素
を可能な限り取り込む方式を採用している。

　この分類方式については，23ページ以降を参照すること。

（2）企業における災害原因の分析

　個別的な災害原因の分析は，個々の災害について，詳細に究明すればす
るほどよく，その結果，思いもよらなかったことがらを発見したり，これ
まで実施してきた対策の浸透の程度や欠陥をみつける有力な手がかりと
なったりする。

　前述の統計的手法による原因要素の分析を行う場合でも，本来そのもと
となる資料はこのようにして求めるものであるが，統計ではある程度まと
まった母資料が必要になるため，その活用には限界がある。

　したがって，個別的な災害原因の分析はときどき発生する特殊な災害で
あるとか，重大な災害の原因分析に適し，また事業場において行う原因分
析の方法ともいえる。

　もともと災害が起こる背景には，各種の要素が複雑にからみあっており，
これらを漏れなく解析しても，時間をかけたほどの効果はあがらない。

　大切なことは，自分たちの手でやることができ，またやらなければならな
ない対策の方向を具体的に示してくれる主な要素を選び出し，これを重点

的に深く掘り下げて分析することである。

　事業場では，起こった災害を一つひとつ，ていねいに分析する必要があるが，事業場によっては，めったに発生しないという災害をいかに分析すべきか悩んでいるところもある。

　しかも，災害発生の予測も困難だという場合もある。

　そのため事業場においては，災害防止対策を検討するための情報が要求される。つまり，他の事業場で起こった災害を自分の事業場に置きかえて災害防止対策の検討の情報源にするということで，災害を的確に分析するための分類方式はないだろうかという希望も強いようにうかがえる。

　そこで，本書の「事故の型および起因物分類」に慣れてから，この分類項目を手引きとして13ページの「災害発生の基本的モデル」を参考にして事業場独自の分類項目を作成することを特にすすめたい。

　というのは，事業場における作業態様はかなり限定され，起因物および事故の型もしぼられることが予想されることから，不安全な状態とか，不安全な行動の分類項目など，あらかじめ定められた分類項目などの範囲をこえたその事業場特有の分類項目が必要となるからである。これは，個々の事業場において災害の発生原因を深く掘り下げて分析する場合の基本的態度でなければならない。

（3）災害の把握の方法

　災害を現象面でとらえ，それを構成する各要素間の関係については13ページの「災害発生の基本的モデル」でふれたところであるが，実際に災害をどのように把握し，それをどのようにあらわすのがよいかを次に説明しよう。

○野○郎，22才，プレス工，経験3年が，○月○日（○曜日），○時に，プレス工場
　　　ⓐだれが　　　　　　　　　　　　　　ⓑいつ　　　　　　　①どのような場所で
の500kNプレス機の作業台の位置において，自動車部品の打抜き作業中に，プレスの
　　　　　　　　　　　　　　　　　　②どのような作業をしているときに

金型の間に1.0mm厚の鉄板を，挿入したところ，材料のすわりが悪いため，なおそうとして，指を金型の間に入れたとき，プレスの安全装置の調整が悪かったため，安全装
③どのような物または環境
に（起因物または加害物）　　　　　　④どのような不安全な
　　　　　　　　　　　　　　　　　　または有害な状態があって
置が働かずにスライドが下降し，指を金型の間にはさまれて，左手示指と中指に挫滅創
⑤どのような災害が発生したか　　　ⓒ傷病の部位　　　　　ⓓ傷病名
をうけた。

　　　ⓐのだれがの項目は，災害発生の事実確認のため必要であるが，年齢とか経験年数は災害の人的要素を究明する手がかりとなる。

　　　ⓑのいつの項目は，災害発生の事実を明らかにするために必要であるが，曜日，季節，時間帯等は労働条件としての災害原因要素を探る手がかりとなる。

　　　①のどのような場所での項目は，災害発生の事実確認のためには欠かすことのできない事項である。また，作業箇所は起因物を特定するために必要となる。

　　　②のどのような作業をしているときには，作業の種類の把握だけではなく災害発生時の作業行動を明らかにしようとするもので，作業者の不安全な行動も含めて考える。これは，作業手順，作業方法等作業者の行動面の改善を図るために必要である。

　　　③のどのような物または環境には，起因物または加害物を明らかにする重要な項目で，この例では起因物はプレスの安全装置であり，加害物はプレスの金型となる。

　　　④のどのような不安全なまたは有害な状態があっては，③の起因物にどのような不安全な状態があったかを示すものである。この例においては，プレスの安全装置の調整不良があげられ，そのほか，挿入した鉄板のすわりが悪かったことも不安全な状態を示すものであるが，災害防止対策のうえからは重要度の高い前者を選択することとなる。これは，機械設備等の改善を図るために必要である。

⑤のどのような災害が発生したかは，③と④の物の状態と②の人の作業行動とがどのように組み合わされたか，物と人の接触の現象を明らかにするもので，事故の型を示すものである。この例の事故の型は，プレスの金型に**はさまれ**となる。

ⓒは**傷病の部位**，ⓓは**傷病名**を示すものである。

以上の説明において，一つの災害の例を取りあげて①～⑤に分解して示したが，これは労働者死傷病報告（労働安全衛生規則様式第23号）の「災害発生状況及び原因」の欄の記載注意①～⑤にしたがって，必要最小限の内容を記述したものであり，さらに深く掘り下げる必要のある場合には，その他の要素等についてさらに細かな調査分析をすることが望ましい。

次に，労働者死傷病報告（様式第23号）にどのように記入したらよいか，参考までに【記載例】を次ページに示す。

この様式の「事業の種類」欄には「日本標準産業分類の中分類」に掲げる事業の種類を記入し，「災害発生状況及び原因」欄は記載注意にあるように①～⑤について，①……などと表示のうえ，その順序にしたがって災害の発生した状況をくわしく記入する。その他は様式の記載例にならって記入する。

【記載例　1】

労働者死傷病報告

様式第23号（第97条関係）（表面）

労働保険番号（建設業の工事に従事する下請人の労働者が被災した場合、元請人の労働保険番号を記入すること。）	事業の種類
8 1 0 0 1	1 3 1 0 1 1 2 3 4 5 6 7 8 9	土木工事業

事業場の名称（建設業にあっては工事名を併記のこと。）

カナ　カスミガセキドボクカブシキガイシャ

漢字　霞ヶ関土木株式会社

工事名　排水路新設第1期工事

職員記入欄

事業場の所在地　東京都千代田区霞ヶ関1-2-3　電話 3（000）0000
構内下請事業の場合は側事業場の名称、建設業の場合は元方事業場の名称　千代田区港中央建設企業体

郵便番号 100-8988　労働者数 53人　発生日時 7:平成 7 2 5 1 1 1 2 1 3 3 0

被災労働者の氏名
カナ　ロウドウ　サブロウ
漢字　労働　三郎
生年月日 5:昭和 5 3 9 1 1 2 2（48歳）性別 0（男）
職種 土木作業員　経験期間 15 0

休業見込期間又は死亡日時　死亡：0　死亡日時 即死
傷病名 頭部骨折　傷病部位 側頭部　被災地の場所 東京都千代田区

災害発生状況及び原因

排水路新設工事現場でU字溝を小型移動式クレーンを用いて設置する作業中、つり具の荷に合わせた調整が不充分であったため、これに気付いた被災者が、荷の下に立ち入った瞬間、U字溝がつり具からはずれ落下し、被災者が下敷きとなった。

略図（発生時の状況を図示すること。）

報告書作成者職氏名　労務安全課業務係長　安全　六郎

〇年　〇月　〇日
中央　労働基準監督署長殿
事業者職氏名　霞ヶ関土木(株)代表取締役　赤坂太郎　印

受付印

（裏面　略）

　この報告書のなかで,「災害発生状況及び原因欄」については,特に記入の仕方を心得ることが大切であるため,さらに記載例を参考に掲げておく。

【記載例　2】＜墜落＞

災害発生状況及び原因	① どのような場所で ② どのような作業をしているときに ③ どのような物または環境に ④ どのような不安全なまたは有害な状態があって ⑤ どのような災害が発生したか を詳細に記入すること
① 鋼管足場の作業床の上で ② 鋼材手渡し中,足をすべらせて身体のバランスをくずしたところ ③ 足場に ④ 手すりがなかったため ⑤ 墜落し,地面に激突した。	

【記載例　3】＜飛来・落下＞

災害発生状況及び原因	① どのような場所で ② どのような作業をしているときに ③ どのような物または環境に ④ どのような不安全なまたは有害な状態があって ⑤ どのような災害が発生したか を詳細に記入すること
① 工場内の通路上において ② 機械部品（重量1.5トン）をつり上げ荷量5トンの天井走行クレーンで運搬するため玉掛作業中,玉掛用ワイヤーロープにフックを掛けつり上げたところ ③ 玉掛用ワイヤーロープが ④ 摩耗していたため ⑤ 切断し,つり荷が落下して玉掛作業者の頭部に激突した。	

【記載例　4】＜転　倒＞

災害発生状況及び原因	①　どのような場所で ②　どのような作業をしているときに ③　どのような物または環境に ④　どのような不安全なまたは有害な状態があって ⑤　どのような災害が発生したか 　を詳細に記入すること
①　工場内通路を ②　サンダル履きで通行中 ③　通路に ④　油が流れており ⑤　その上を歩こうとして足を踏み入れたところ，すべって転倒し通路（コンクリート）に腰部を激突した。	

【記載例　5】＜交通事故＞

災害発生状況及び原因	①　どのような場所で ②　どのような作業をしているときに ③　どのような物または環境に ④　どのような不安全なまたは有害な状態があって ⑤　どのような災害が発生したか 　を詳細に記入すること
①　国道〇号線〇〇地区道路上において ②　マイクロバス（会社所有）に作業者〇名を乗せて作業場に向かうため進行中 ③　対向車（大型トラック）が ④　センターラインをオーバーしてきて ⑤　正面衝突し，運転手を含め〇名が受傷した。	

第4章 「事故の型および起因物分類」の解説

1 分類の大要

> 分類の大要
> この分類は労働災害防止対策との結びつきを強め，かつ，できるだけ簡明に把握するため死傷災害を事故の型分類および災害の主因に焦点をおいた起因物の2種類とし，これらの分類および業種別等を組み合わせることにより，災害の分布状態を多角的に解明しようとするものである。

【解　説】

この「事故の型および起因物分類」は厚生労働省が死傷災害の分布状態などその発生の動向を大数的に把握するために作成したもので，13ページの災害発生のモデルにおいて示した各種の原因要素のうち，具体的に把握され，しかも分類する者の主観の入る余地の比較的少ない事故の型と起因物についての2種類の分類としたものである。

なお，加害物は起因物よりも明確に把握されるが，災害防止対策を立てる立場でより効果的な起因物を分類対象とし，加害物は後述のように特定の場合を除き，分類の対象とはしていない。

2 事故の型

> ＜1＞ 定　義
> 事故の型とは，傷病を受けるもととなった起因物が関係した現象をいう。

【解　説】

この事故の型は，第3図(13ページ、24ページに再掲)の災害発生の基本

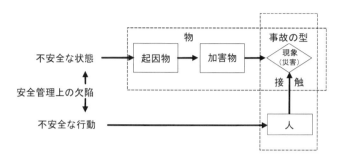

第3図　災害発生の基本的モデル

的モデルで示したように災害を物と人とのふれ合いの段階でとらえたもの。

　とくに，定義の中で**起因物が関係した現象**として，起因物が起こした現象としていないのは，災害をもたらした直接のものは，いわゆる加害物であるが，この加害物は必ずしも起因物とは同じではないからである。それでは**加害物が起こした現象**としたらどうかとの疑問が生まれるであろうが，災害防止対策を立てる見地からは，加害物よりも起因物を明らかにしたいことと，事故の型と起因物の2種類の分類の採用により，両者の関係をより密接なものとして把握しておく必要があるため，起因物を採用することとしている。

> ＜2＞　分類および分類コード
> 　この分類は21項目の分類とし，分類の名称，コードおよび説明は別表のとおりとする。
> 〔注〕　この分類には，おおよそ次の3グループが含まれている。
> イ　物もしくは物質に接触した場合または有害環境下にばく露された場合
> ロ　爆発，破裂，火災または交通事故による場合
> ハ　動作の反動または無理な動作による場合

【解　　説】

　事故の型の分類はこれから解説するように21項目からなり，その内容は，分類番号1から13までの物もしくは物質に接触した場合または有害環境下にばく露された場合の13項目，分類番号14から18までの「爆発」，「破裂」，「火災」または「交通事故」の特掲事故5項目，分類番号19の「動作の反動，

無理な動作」分類番号90の「その他」および分類番号99の「分類不能」と
なっている。

＜3＞分類の方法
　　分類にあたっては，次の各号により適切なものを選択する。
　イ　起因となる物または物質にどのように接触しまたはばく露されたかを
　　示すものを選択する。
　ロ　特掲事故（爆発，破裂，火災または交通事故），有害物等との接触または
　　感電を最優先して選択し，その優先順は，爆発，破裂，有害物等との接触，
　　感電，火災，交通事故の順とする。
　ハ　特に説明で指示されている場合のほか2種以上の事故の型が競合する
　　場合ならびに事故の型をきめる判断に迷う場合には次の順により選択す
　　る。
　（イ）　災害防止対策を考える立場での重要度による。
　（ロ）　発端となった現象による。
　（ハ）　分類番号の若い順による。

【解　　説】

　災害を事故の型に分類する場合には，種々の現象のなかから，災害とい
う結果に最も関係があった現象を見極めることが必要である。

　しかし，実際には種々の要因，現象が複雑にからみあい，その実態はな
かなかつかみにくいものである。

　そこで，基本的には災害防止対策を考える立場で主要なもの一つを選択
するわけであるが，分類する場合の実務手順としては，

　（1）　傷病名，傷病の部位，程度

　（2）　加害物（または起因物）

　（3）　加害物（または起因物）が傷病にいたらしめた関係を最も忠実に
　　　示す現象

の順で事故の型を決めるのが便利である。

　なお，事故の型の選択順序は**第4図**に示すとおりである。

＜選択順序＞

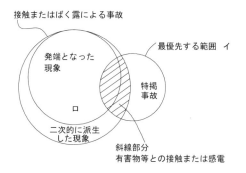

第4図　事故の型分類の選択順序

イ　特掲事故（爆発，破裂，火災または交通事故），有害物等との接触または感電

ロ　玉突き現象として災害が連鎖的に発生した場合には，発端となった現象

以下，34ページ以降にそれぞれの分類項目にしたがって逐次解説をする。

3　起　因　物

> <1>　定　　義
> 　起因物とは，災害をもたらすもととなった機械，装置もしくはその他の物または環境等をいう。

【解　　説】

　この起因物は，災害をもたらすもととなったということから，13ページの「災害発生の基本的モデル」でふれたように，一般的には不安全な状態があったものをさしている。

　このことから，その不安全な状態を直すことによって，再び同じような災害を起こさないようにすることができるものともいえる。

　しかし，災害をもたらす直接のものは，いわゆる加害物であって，その加害物は常に起因物になるとは限らないのである。

　この起因物と加害物との関係は，「災害発生の基本的モデル」に示したとこ

ろであるが，よりはっきりさせるために，実例をあげて両者の関係を説明しよう。

　人が墜落，転落または転倒して受傷した場合は，その人が墜落，転落または転倒する直前に作業していた場所（作業箇所，作業面等）に災害をもたらす不安全な状態等の原因があったものと考えられ，これを起因物とみなし，人が墜落，転落または転倒の結果激突した対象物は加害物とみなす。

　第5図では切取面が起因物であり，道路が加害物となる。

　第6図では足場が起因物であり，地面が加害物となる。

　第7図では，作業床が起因物であり，箱が加害物である。物が飛来，落下して人にあたった場合は，飛んできた物を支えていたもの，支えていた場所または飛ばしめた物を起因物とする。

　第8図では，タガネが起因物であり，破片が加害物となる。

第5図

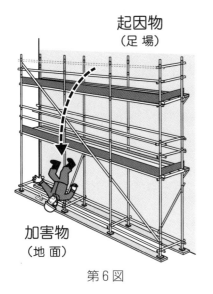

第6図

第7図

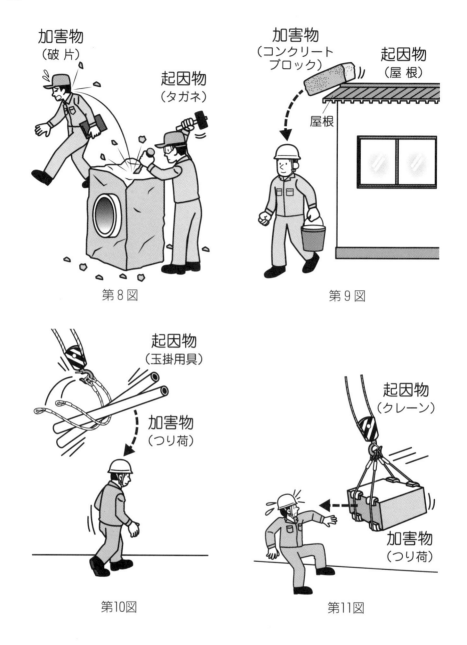

第8図

第9図

第10図

第11図

　第9図では，屋根が起因物であり，コンクリートブロックが加害物となる。第10図では，玉掛用具が起因物であり，つり荷が加害物となる。

　物が動いてきて，人にあたった場合は，動いてきた物が起因物となる。

　第11図では，クレーンが起因物であり，つり荷が加害物となる。

それでは，**第12図**のように，人が物をかかえて運搬中にその物を落として足を打撲したような場合は，どのように考えればよいか。不安全な状態をもたらしたものは、物を落とした人にあるとして起因物は人なりとする考えも当然生まれてくるであろうが，定義にみられるように，この分類においては人を起因物とはみなさないことから，このような場合には加害物である運搬される物を起因物とみなしているのである。

加害物
（運搬物）

第12図

　ここで，なぜ人を起因物とみなさないかについてふれておこう。

　災害発生の基本的モデルでみたように，災害を物と人との接触の結果としてとらえているのは，物の不安全な状態と人の不安全な行動の組合せによる場合が災害の大部分を占め，物の不安全な状態のみによる場合や，人の不安全な行動のみによる場合はごくわずかであるからであり，災害を物のみまたは人のみに限定して取りあげるのは，災害という現象を十分に追究してとらえていないこととなる。

　以上からも，災害をもたらしたもととしては不安全な状態のあった物と不安全な行動のあった人とを同時にとりあげる必要がある。しかし，そのいずれにより多くの問題があったかということになると，両者が複雑にからみ合っているため，その分類にあたっては，多分に個人差があらわれるとともに，分類する者の立場によって大きく変わることが予想される。また，効果の高い災害防止策は物の側の対策であることから，本来フェールセーフを目標として本質安全を図ることが要請されている。

　このことから，災害は物と人との接触によるとする基本的立場に立って，物の側からこれをとらえようとしたのがこの分類方式であって，起因物に

は物を対象として人は含めないこととしたものであり，人のみに原因がある場合には，下記＜3＞の「分類の方法」に示してあるように加害物を含めて起因物とみなすこととしているのである。

＜2＞ 分類および分類コード
　この分類は，次の8項目の大分類とし，分類の名称，コードおよび説明は別表のとおりとする。
　動力機械
　物上げ装置，運搬機械
　その他の装置等
　仮設物，建築物，構築物等
　物質，材料
　荷
　環境等
　その他

【解　説】

起因物の分類はこれから解説するように，8項目の大分類，それを分けた26の中分類，さらにこれを細分した106項目の小分類から構成されている。大分類においては，各項目の定義をかかげ，中分類はそれぞれ前後の分類項目との関係を中心として説明し，小分類はそれぞれの分類項目に該当する物を主として例示してある。

＜3＞ 分類の方法
　分類にあたっては，次の各号により適正なものを選択する。
イ　災害発生にあたっての主因であって，なんらかの不安全な状態が存在するものを選択する。
　　ただし，災害発生の主因が人のみにある場合には次の順により選択する。
　　（イ）　操作または取扱いをした物（墜落等の場合は作業面）
　　（ロ）　加害物
　　（ハ）　起因物なし
〔注〕起因物（災害をもたらすもととなったもの）と加害物（災害をもたらした直接のもの）とは同一になる場合が多いが異なる場合もあることに留意のうえ選択する。

ロ　特に説明で指示されている場合のほか，2種以上の起因物が競合している場合ならびに起因物を決める判断に迷う場合には，災害防止対策を考える立場で重要度できめるものとし，なお判定しがたい場合は分類番号の大分類について若い番号を優先し，以下中分類および小分類においてもそれぞれ若い番号を優先する。

ハ　加害物が溶接装置の火炎のように機械，装置等の通常運転時に発するものおよび被加工物のように機械，装置等の一部と一体となって動くもの等の場合は，特に説明に指示されている場合のほか，当該機械，装置等を選択する。

【解　説】

　災害の起因物を分類する場合には，まず事故の型を見極めてから，事故の型を案内として，不安全な状態のあったものを探すことが必要である。

　つまり，分類にあたっては，次の順で考えるとわかりやすい。

（1）　災害

（2）　事故の型

（3）　加害物

（4）　起因物

　なお，基本的には災害防止対策を立てる立場で災害発生の主因となるもの一つを選択するわけであるが，実際の分類にあたっては二つ以上の起因物が複合してどれを選択すればよいか迷う場合が多い。

　起因物の選択順序は**第13図**に示すイからホの順による。

＜選択の順序＞

　イ　不安全な状態のある起因物

　ロ　乗用車を運転中にわき見運転で電柱に衝突した事故のように，人にのみ不安全な要因がある場合の起因物

　ハ　手に持っている運搬物を足の上に落とした場合のように，人にのみ原

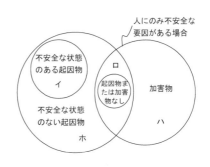

第13図　起因物分類の選択順序

　　因がある場合の加害物

　ニ　用務のため平滑な通路上を歩行中に足をひねって捻挫したように，
　　　人にのみ何らかの不安全な要因がある場合であって，特に起因物また
　　　は加害物となるような物のない場合

　ホ　風，雪，雷などの自然現象のように，人に不安全な行動がなく，し
　　　かも不安全な状態のない起因物

　なお，分類の方法ハにおいて示したところであるが，この分類において
は，分類項目数の制約等もあって大きなくくり方をして起因物を決めてい
る。たとえば，プレスの安全装置に欠陥があって切傷した災害の起因物は
安全装置であり，ボイラーの蒸気配管に欠陥があって蒸気が漏れて熱傷し
た場合の起因物は蒸気配管であるが，この分類においては，プレスの安全
装置はプレスと一体のもの，ボイラーの蒸気配管はボイラーと一体のもの
としてそれぞれプレスとかボイラーに分類することとしている。

4　事故の型と起因物との関係

　第3図に災害発生の基本的モデルを示したが，実際の災害をあてはめる
場合には，この基本的モデルの変形を考える必要がある。

　第3図の基本的モデルにおいては，災害を物と人との接触という現象で
表現しており，物と人との組合せとしてあらわしたが，このモデルで説明
できるのは，事故の型のうち物もしくは物質に接触した場合または有害環
境下にばく露された場合であって，単純な災害に限定される。

　事故の型のうち爆発，破裂，火災または交通事故については，**第14図**の
ように物と人との接触する現象2の前の現象1，つまり起因物と加害物と
の間の現象としてとらえている。

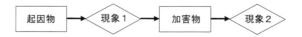

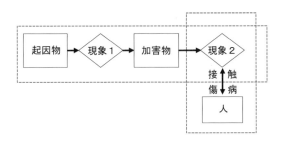

第14図　爆発，破裂，火災，交通事故の災害発生のモデル図

　この場合の現象1は事故としてのとらえ方であり，災害としてのとらえ方をしていないことから，人との接触以前の現象であることに注意する必要がある。

　以上は単純な場合であるが，災害が玉突き現象として連鎖的に発生した場合には，かなり複雑なモデルを想定しなければならない。大別すれば**第15図**のモデルで示されるような物と人との接触する現象が連続する場合と**第16図**のモデル図に示すように物と事故とが連続しているタイプ，さらにこれらが複合しているタイプに分けられる。

　第15図のモデルにおいては，物1と物2は加害物をあらわし，現象1現象2は災害をあらわす。現像2の後の「…」は〔　　〕のモデルがさらに連続することを示す。

　このように，二つ以上の災害が連続している場合の事故の型は特に説明で指示されているもののほか，25ページで示したように事故の型の分類方

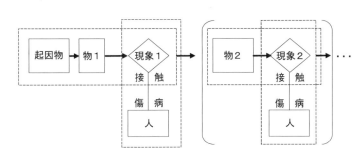

第15図　災害が連続するモデル図

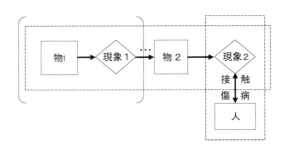

第16図　事故が連続するモデル図

法をとることとなっていることから，複数の災害をあらわすそれぞれの事故の型のうち，現象1の災害の事故の型一つを採用する。

　第16図のモデルにおいては，現象2が災害を，現象1は事故をあらわし，また物2は加害物をあらわす。物1は物2を含めて起因物になりうるが（物1は加害物にはならない），これらの物のうち，主な起因物，つまり主因としての起因物一つを選択するのである。

　これらのモデルについては，57ページの「分類の参考例」において実例にあてはめてみよう。

5　事故の型の分類項目解説

　災害を事故の型に実際に分類する場合には，起因物および加害物との関係が特に重要となるのでこれらの関係についても併せて例示する。

＜墜落，転落＞

分類番号	分類項目	説　　　　明
1	墜落，転落	人が樹木，建築物，足場，機械，乗物，はしご，階段，斜面等から落ちることをいう。 　乗っていた場所がくずれ，動揺して墜落した場合，砂ビン等による蟻地獄の場合を含む。 　車両系機械などとともに転落した場合を含む。 　交通事故は除く。 　感電して墜落した場合には感電に分類する。

【解　説】

　墜落，転落はその結果として，人が何ものかに激突した場合をいい，分類番号の1〜3は本来，**激突**系としてまとめて，その細分の一つに墜落，転落があるとみなされる。

　どこから墜落し，どこから転落したかを明らかにすることが必要で，その場所つまり作業箇所，作業面等が墜落または転落の起因物となり，人が墜落または転落して激突した物は加害物であって，起因物とはならない。

　乗物等から人が転落した場合，人が乗物等とともに墜落または転落した場合の起因物は当該乗物等となる。この場合，たとえば，ブルドーザーが路肩から転落したような場合は，不安全な状態がブルドーザーにあったのか，ブルドーザーを支えた路肩にあったのかが問題になるが，一般的にはブルドーザーの側に運転不良等不安全な要因があるとしてブルドーザーを起因物とする。

　転落してはさまれた場合は，はさまれに分類せず，転落に分類する。

番号	墜落，転落の例	加害物	起因物	起因物分類番号
①	砂ビン等による蟻地獄。	砂	砂ビン	418
②	スレート屋根を踏み抜き墜落して，床面に激突。	床面	スレート屋根	415
③	ブルドーザーで道路整地作業中，ブルドーザーとともに路肩から転落，ブルドーザーの下敷となる。	ブルドーザー	ブルドーザー	141
④	積荷（袋もの）の上から転落して，床面に激突。	床面	積荷（袋もの）	611
⑤	山積みの木材の上から転落して地面に激突。	地面	木材	522
⑥	下刈作業中斜面で足をすべらせ転落して木株に激突。	木株	地山	711
⑦	積荷（型材）の上で作業中，荷くずれがして荷とともに落下し床面に激突。	床面	型材	521

＜転　倒＞

分類番号	分類項目	説　明
2	転　倒	人がほぼ同一平面上でころぶ場合をいい，つまずきまたはすべりにより倒れた場合等をいう。 　車両系機械などとともに転倒した場合を含む。 　交通事故は除く。 　感電して倒れた場合には感電に分類する。

【解　説】

　転倒は墜落，転落と同様に**激突系**の細分類の一つとして考え，転倒して激突した場合には転倒に分類する。

　人が乗物等とともに転倒した場合の起因物は当該乗物等となる。

　転倒してはさまれた場合は，はさまれに分類せず，転倒に分類する。

番号	転倒の例	加害物	起因物	起因物 分類番号
①	ブルドーザーが横転し，運転者がその下敷となる。	ブルドーザー	ブルドーザー	141
②	作業床で足をすべらせ転倒して作業床に激突。	作業床	作業床	416
③	軟弱な道路で足をすべらせ転倒してコンクリート溝に激突。	コンクリート溝	道路	417

＜激　突＞

分類番号	分類項目	説　明
3	激　突	墜落，転落および転倒を除き，人が主体となって静止物または動いている物にあたった場合をいい，つり荷，機械の部分等に人からぶつかった場合，飛び降りた場合等をいう。 　車両系機械などとともに激突した場合を含む。 　交通事故は除く。

【解　　説】

　激突系のなかのその他の激突ともいうべき分類である。

　工場内でトラックおよびフォークリフトが運転中に正面衝突し運転者が被災した場合には，いずれにより非があったかによって起因物を決めるものとするが，決めがたい場合には，被災者側の運転していた物を起因物とする。

番号	激突の例	加害物	起因物	起因物分類番号
①	事業場構内においてフォークリフトを運転中，壁に激突。	壁	フォークリフト	222
②	トラックの荷台から通路に飛び降りた際に足を打撲。	通路	通路	417

＜飛来，落下＞

分類番号	分類項目	説　　　明
4	飛来，落下	飛んでくる物，落ちてくる物等が主体となって人にあたった場合をいう。 　研削といしの破裂，切断片，切削粉等の飛来，その他自分が持っていた物を足の上に落とした場合を含む。 　容器等の破裂によるものは破裂に分類する。

【解　　説】

　この分類の飛来，落下はその結果として，物が人に激突した場合をいい，分類番号の4〜6は本来，**激突され系**としてまとめられ，その細分の一つとして，飛来，落下があるとみなされる。

　物がどこから飛来し，どこから落下してきたかを明らかにすることが必要で，その物を支えていた物または支えていた場所は，不安全な状態があったとして飛来，落下の起因物となる場合が多い。この場合人に激突した物は加害物であって，起因物とはならない。

　飛来，落下と次の崩壊との区別は一般的には，たとえば**は**いくずれの場合に上部の１個とか２個のくずれは飛来，落下に相当し，その数が相当数となり下からくずれる場合は崩壊とする。

番号	飛来，落下の例	加害物	起因物	起因物分類番号
①	旋盤で回転中の被加工部品が飛来して腹部にあたり転倒，頭部をコンクリート床に強打。	被加工部品	旋盤	151
②	移動式クレーンの巻上げ用ワイヤーロープが切断して，つり荷が落下しその下敷となる。	つり荷	移動式クレーン	212
③	高さ３ｍの箇所（地山）から浮石が落下し，その下敷となる。	岩石	地山	711
④	トラックから丸太を降ろす際，丸太がくずれ落ち腰部打撲。	丸太	丸太	522
⑤	角材を丸のこ盤でたて割り，中切断片が反ぱつし打撲。	切断片	丸のこ盤	131
⑥	伐倒木が隣接木にかかり，枝が折れて飛来し打撲。	枝	伐倒木	712
⑦	クレーンで荷降ろし作業中，玉掛用ワイヤーロープが切断し鉄板が落下し打撲。	鉄板	玉掛用ワイヤーロープ	372

＜崩壊，倒壊＞

分類番号	分類項目	説　　　明
5	崩壊，倒壊	堆積した物（はい等も含む），足場，建築物等がくずれ落ちまたは倒壊して人にあたった場合をいう。 　　立てかけてあった物が倒れた場合，落盤，なだれ，地すべり等の場合を含む。

【解　　説】

　崩壊，倒壊は飛来，落下と同様に**激突され**系の細分類の一つとして考えられる。

柱上作業者が電柱の倒壊にともない落下したような場合には倒壊という現象があっても激突系，激突され系の基本的な考え方から墜落に分類する。

番号	崩壊，倒壊の例	加害物	起因物	起因物分類番号
①	伐倒木の枝払い作業中，隣のかかり木が倒れて打撲。	かかり木	かかり木	712
②	機械堀りした溝をスコップで切り拡げ中，土砂が崩壊し，胸部を圧迫。	土砂	土砂	711
③	型わく組立中に型わくが倒壊し，近接の型わくとの間にはさまれた。	型わく	型わく	412

＜激突され＞

分類番号	分類項目	説　　　明
6	激突され	飛来，落下，崩壊，倒壊を除き，物が主体となって人にあたった場合をいう。 　つり荷，動いている機械の部分などがあたった場合を含む。 　交通事故は除く。

【解　説】

激突され系のなかのその他の激突されともいうべき分類である。

事業場構内において乗物等にはねられた場合はこの激突されに分類する。

なお，はねられてひかれた場合においてもここに分類する。

作業現場においてダンプトラックが横転して，誘導していた者がその下敷となるように物（起因物）が転倒（横転）し，人がダンプトラックの横転によって激突され，下敷となるような場合には，人を中心として発端となった現象を選択することから，激突されとなり，転倒やはさまれには分類しない。

番号	激突されの例	加害物	起因物	起因物分類番号
①	歩行中作業場内の軌条を進行中のコンクリート車にはねられる。	コンクリート車	コンクリート車	223
②	運材索道の曳索（ワイヤーロープ）が切断し，ワイヤーロープにはねとばされる。	ワイヤーロープ	ワイヤーロープ	217

＜はさまれ，巻き込まれ＞

分類番号	分類項目	説　　明
7	はさまれ，巻き込まれ	物にはさまれる状態および巻き込まれる状態でつぶされ，ねじられる等をいう。プレスの金型，鍛造機のハンマ等による挫滅創等はここに分類する。 ひかれて巻き込まれる場合を含む。 交通事故は除く。

【解　説】

　はさまれは物と物との間にはさまれる場合をいうことから，プレスの金型であるとかスチームハンマ等の金型の間に手指をはさまれた場合とか，事業場構内における交通事故でひかれる場合等を含むこととしている。

　巻き込まれには，シャフトとかスクリュー等高速回転体に巻き込まれる場合等がある。

番号	はさまれ，巻き込まれの例	加害物	起因物	起因物分類番号
①	回転軸に衣服が巻き込まれる。	回転軸	回転軸	121
②	ロール機のロールに手指をはさまれる。	ロール	ロール機	163
③	ボール盤のドリルに手袋を巻き込まれる。	ドリル	ボール盤	152
④	ベルトコンベアのテンションプーリーに手をはさまれる。	プーリー	ベルトコンベア	224
⑤	コンクリートミキサーの羽根に巻き込まれる。	羽根	コンクリートミキサー	162

＜切れ，こすれ＞

分類番号	分類項目	説　　明
8	切れ，こすれ	こすられる場合，こすられる状態で切られた場合等をいう。 　刃物による切れ，工具取扱中の物体による切れ，こすれ等を含む。

【解　説】

　刃物によって切られる場合がこの分類の代表的なもので，シャーの刃による場合はここに分類されるが，プレスの金型で指を切断した等の場合は7のはさまれに分類される。

　使用中の工具はもちろん，置いてある工具等に触れて切られる場合も含まれる。

番号	切れ，こすれの例	加害物	起因物	起因物分類番号
①	帯のこ盤に給油中，のこ歯にふれ切傷。	のこ歯	帯のこ盤	132

＜踏み抜き＞

分類番号	分類項目	説　　明
9	踏み抜き	くぎ，金属片等を踏み抜いた場合をいう。 床，スレート等を踏み抜いたものを含む。 踏み抜いて墜落した場合は墜落に分類する。

【解　説】

　この分類は，本来，釘などを踏み抜く場合をいうものであることから，床やスレート屋根を踏み抜いて墜落した場合は分類番号1の墜落に分類することとしてある。しかし単に床とかスレート屋根を踏み抜いた災害はここに分類することとなる。

番号	踏み抜きの例	加害物	起因物	起因物 分類番号
①	通路に散乱していたスクラップを踏んで切傷。	スクラップ	スクラップ	521

＜おぼれ＞

分類 番号	分類項目	説　　明
10	おぼれ	水中に墜落しておぼれた場合を含む。

【解　説】

　この分類はおもに，船舶とか水上作業にともなう災害を対象とした分類であるが，船舶が転覆して人がおぼれたような場合は18の交通事故（その他）に分類する。

番号	おぼれの例	加害物	起因物	起因物 分類番号
①	岸壁で高波にさらわれ行方不明。	高波	高波	713
②	ビンの底で作業中，上部から流入してきた鉄砲水に押し流される。	水	水	713

＜高温・低温の物との接触＞

分類 番号	分類項目	説　　明
11	高温・低温の物との接触	高温または低温の物との接触をいう。 　　高温または低温の環境下にばく露された場合を含む。 ［高温の場合］ 　　火災，アーク，溶融状態の金属，湯，水蒸気等に接触した場合をいう。炉前作業の熱中症等高温環境下にばく露された場合を含む。 ［低温の場合］ 　　冷凍庫内等低温の環境下にばく露された場合を含む。

【解　説】

高温・低温の物はこの場合，起因物または加害物に相当するものである。

番号	高温・低温の物との接触の例	加害物	起因物	起因物分類番号
①	溶解炉内の溶融金属が突沸し火傷。	溶融金属	溶解炉	341
②	煮沸槽の中に転落し熱湯で火傷。	熱湯	煮沸槽	341
③	ボイラーの蒸気配管の溶接部から蒸気が噴出し熱傷。	蒸気	ボイラーの配管	311

＜有害物等との接触＞

分類番号	分類項目	説　明
12	有害物等との接触	放射線による被ばく，有害光線による障害，一酸化炭素中毒，酸素欠乏症ならびに高気圧，低気圧等有害環境下にばく露された場合を含む。

【解　説】

有害物については，起因物分類の中分類51と同じである。

番号	有害物等との接触の例	加害物	起因物	起因物分類番号
①	井戸の中に降りたとき酸欠で意識不明となる。	酸欠環境	酸欠環境	714
②	塩素ガスに接触して皮膚が炎症。	毒劇物	毒劇物	519

＜感　電＞

分類番号	分類項目	説　明
13	感電	帯電体にふれ，または放電により人が衝撃を受けた場合をいう。 ［起因物との関係］ 　金属製カバー，金属材料等を媒体として感電した場合の起因物は，これらが接触した当該設備，機械装置に分類する。

【解　説】

　感電については，直接帯電体にふれる場合，媒体をとおして感電する場合のいずれをも含んでいる。

　落雷による感電の場合も放電により人が衝撃を受けることからここに分類する。

　起因物との関係に示されているように，媒体を通して感電した場合には，そのもととなる機械，設備等が起因物となる。

番号	感電の例	加害物	起因物	起因物分類番号
①	移動式クレーンを運転して鋼材を移動中，高圧線にワイヤーロープが接触し，感電。	高圧線	移動式クレーン	212
②	引下線を電柱にのぼって取り外そうとしたとき低圧線にふれ感電し墜落。	低圧線	低圧線	351

＜爆　　発＞

分類番号	分類項目	説　　　明
*14	爆発	圧力の急激な発生または解放の結果として，爆音をともなう膨張等が起こる場合をいう。 　破裂を除く。 　水蒸気爆発を含む。 　容器，装置等の内部で爆発した場合は，容器，装置等が破裂した場合であってもここに分類する。 ［起因物との関係］ 　容器，装置等の内部で爆発した場合の起因物は，当該容器，装置等に分類する。 　容器，装置等から内容物が取り出されまたは漏えいした状態で当該物質が爆発した場合の起因物は，当該容器，装置に分類せず，当該内容物に分類する。

＊は，「特掲事故」を示す。25ページ参照。

【解　説】

　爆発と火災の境界は必ずしも明らかではなく，爆発と火災は同一事故において連鎖的に発生する例が多く，爆発とするか火災とするか，判然と区別することが困難な場合がある。一般的には災害防止対策を立てる立場で爆発を選択することとしている。

番号	爆発の例	加害物	起因物	起因物分類番号
①	二重船底内で有機溶剤蒸気がハンドランプのスパークにより爆発。	有機溶剤	有機溶剤	512
②	抽出器（第1種圧力容器に該当しないもの）が爆発し爆風により飛ばされる。	化学設備	化学設備	321
③	ダイナマイトに点火作業中，逃げおくれて被爆。	ダイナマイト	ダイナマイト	511
④	アルミニウム粉が燃えたのでバケツで水をかけたところ爆発し火傷。	アルミニウム粉	アルミニウム粉	511
⑤	絶縁ワニスの塗付材を乾燥器で乾燥中，溶剤蒸気が爆発し，乾燥器が破裂しはねとばされる。	乾燥器	乾燥器	342
⑥	水のたまったピット内に溶融金属が落ち水蒸気爆発をおこし火傷。	水蒸気	溶融金属	521

＜破　　裂＞

分類番号	分類項目	説　　　　明
*15	破裂	容器，または装置が物理的な圧力によって破裂した場合をいう。 　　圧かいを含む。 　　研削といしの破裂等機械的な破裂は飛来落下に分類する。 ［起因物との関係］ 　　起因物としてはボイラー，圧力容器，ボンベ，化学設備等がある。

番号	破裂の例	加害物	起因物	起因物分類番号
①	溶解炉の水冷ジャケットが破裂し，破片で打撲。	破片	溶解炉	341
②	温水ボイラーが破裂し熱湯を浴びる。	熱湯	温水ボイラー	311

＜火　　災＞

分類番号	分類項目	説　　明
*16	火災	［起因物との関係］ 　危険物の火災においては危険物を起因物とし，危険物以外の場合においては火源となったものを起因物とする。

【解　　説】

　火災に関連して連鎖的に発生する現象としては，爆発とか有害物との接触（ガス中毒等）などがあるが，その場合には事故の型の分類方法にしたがい爆発とか有害物との接触は火災より優先される。

　火災の起因物を決める場合には，災害防止対策を立てることを考慮して，［起因物との関係］に示してあるように火源を起因物とする場合と，燃えたものを起因物とする場合とを区別している。

番号	火災の例	加害物	起因物	起因物分類番号
①	ガス溶接の火花で建物が燃え火傷。	火災	ガス溶接の火花	331
②	ガス溶接の火花で付近にあったガソリンに引火し火傷。	火災	ガソリン	512

＜交通事故＞（道路）

分類番号	分類項目	説　　明
*17	交通事故（道路）	交通事故のうち道路交通法適用の場合をいう。

【解　説】

　A車とB車が正面衝突したような交通事故の場合に，いずれを起因物にするかは決めがたい場合が多いが，A車とB車のいずれにより非が多いかによって起因物を決め，なお，決めがたい場合には，被災者側の車を起因物とする。

番号	交通事故（道路）の例	加害物	起因物	起因物分類番号
①	マイクロバスに作業者を乗せ，事業場に向う途中，路肩がゆるみ転落。	マイクロバス	マイクロバス	231
②	マイクロバスに作業者を乗せ，帰宅途中，センターラインをオーバーしてきた対向車（トラック）と正面衝突した。	トラック	トラック	221
③	マイクロバスに作業者を乗せ，作業現場に向う途中，電柱に衝突した。	マイクロバス	マイクロバス	231

＜交通事故＞（その他）

分類番号	分類項目	説　　　明
*18	交通事故（その他）	交通事故のうち，船舶，航空機および公共輸送用の列車，電車等による事故をいう。 　公共輸送用の列車，電車等を除き事業場構内における交通事故はそれぞれ該当項目に分類する。

【解　説】

　交通事故（その他）においては，事故が発生した乗物を起因物とする。たとえば，岸壁から海中に落ちておぼれた場合の事故の型は，おぼれで，起因物は岸壁となるが，船舶が転覆しておぼれた場合の事故の型は，＊印（25ページ，＜3＞分類の方法　の掲載事故参照。）優先によりこの交通事故（その他）となり，起因物は船舶となる。

番号	交通事故（その他）の例	加害物	起因物	起因物分類番号
①	漁船が転覆し，作業員が水中に投げ出され，おぼれる。	漁船	漁船	239
②	航空機が失速して墜落。	航空機	航空機	239

＜動作の反動，無理な動作＞

分類番号	分類項目	説　　　明
19	動作の反動，無理な動作	上記に分類されない場合であって，重い物を持ち上げて腰をぎっくりさせたというように身体の動き，不自然な姿勢，動作の反動などが起因して，すじをちがえる，くじき，ぎっくり腰およびこれに類似した状態になる場合をいう。 　バランスを失って墜落，重い物を持ちすぎて転倒等の場合は無理な動作等が関係したものであっても，墜落，転倒等に分類する。

【解　説】

　事故の型分類のなかで，操作，取扱いをした物，作業面などとは無関係に，災害発生の主因が人のみにある場合の分類は，この項目のみで，他の項目と比較して特異な分類項目となっている。

　しかし1～18までに該当するものは，それぞれに分類することをたてまえとしていることから，人の不安全な行動によるものを手あたり次第この項目に分類することは誤りであるので注意することが必要である。

　この分類は，事故の型と起因物と傷病名との接点のような分類項目となっており，ごくせまい範囲のものを取りあげているものである。

番号	動作の反動，無理な動作の例	加害物	起因物	起因物分類番号
①	平滑な通路上を歩行中ひねって足首を捻挫。	なし	起因物なし	921
②	重いものを持ちあげようとして腰をぎっくりさせる。	なし	起因物なし	921

＜その他＞

分類 番号	分類項目	説　　　明
90	その他	上記のいずれにも分類されない傷の化膿，破傷風等をいう。

【解　　説】

　従来からその他の分類があると，少し分類の面倒なものなどを，その他に入れる傾向があるが，再検討すると大部分のものは，それぞれ本来の項目に分類できる場合が多い。

　このようなことを予想して，この事故の型分類においては，不適当なものが分類されないようにとくに範囲を限定してある。

番号	その他の例	加害物	起因物	起因物 分類番号
①	足で釘を踏み抜き，その後破傷風となる。	破傷風菌	破傷風菌	911

＜分類不能＞

分類 番号	分類項目	説　　　明
99	分類不能	分類する判断資料に欠け，分類困難な場合をいう。

【解　　説】

　この分類不能には，提出された資料からはデータ不足で分類できないような場合に限り，分類するものである。

　事業場において事故の型分類を採用する場合には，容易に再調査が可能であるからこの分類不能の項目は設ける必要はないであろう。

6 起因物の分類項目の解説

3（26ページ）の「起因物」の項で述べたように，小分類は対象とする物の例示となっていることから，大分類と中分類について解説することとする。

大 分 類		説　　　明
分類番号	分類項目	
1	動力機械	動力を用いて，主として物の機械的加工を行うため，各機械構造部分の組み合わされた物をいう。 原動機および動力伝導機構を含む。

中 分 類		説　　　明
分類番号	分類項目	
11	原動機	機械，装置に直接組み込まれたものは，当該機械装置に分類する。
12	動力伝導機構	原動機により機械の作業点に動力を伝える機械的装置をいう。 　機械，装置に直接組み込まれたものは，当該機械装置に分類する。
13	木材加工用機械	製材機械，合板用機械，木工用機械（自動送り装置を有するものを含む）をいう。 　携帯式動力工具を含む。
14	建設機械等	掘削，積込み，運搬（いわゆる自動車によるものを除く）締固め等に用いる機械（車両に限る。）であって，建設業，林業，港湾荷役作業等すべての業種において用いられるものをいう。
15	金属加工用機械	切削，研削，引抜き，プレス等の金属加工に用いる機械をいう。 　携帯式動力工具を含む。
16	一般動力機械	木材加工用機械，建設機械等および金属加工用機械（金属ロール機を除く）を除く一般の動力機械をいう。 　携帯式動力工具を含む。 　動力運搬機，乗物，装置等は，それぞれ当該装置等に分類する。

17	車両系木材伐出機械等	伐木等機械，走行集材機械，架線集材機械等の車両をいう。 　架線集材機械が機械集材装置または簡易架線集材装置の集材機として用いられている場合は，当該装置に分類する。

大　分　類		説　　　明
分類番号	分 類 項 目	
2	物上げ装置，運搬機械	動力を用いて，物をつり上げまたは運搬することを目的とする機械装置をいう。

中　分　類		説　　　明
分類番号	分 類 項 目	
21	動力クレーン等	動力による物上げ装置をいう。 　クレーン等安全規則適用外のものも含む。 　巻上用ワイヤーロープ等物上げ装置の一部になった状態のものを含む。
22	動力運搬機	動力クレーン等，乗物を除き，動力を用いて運搬する機械をいう。
23	乗物	いわゆる交通機関をいう。

【解　説】

　大分類の1および2に分類される機械，装置が起因物となる場合は，原則として機械，装置のもつ機械的危険性による場合であって，据付け等のため運搬中の機械，装置はここには分類しない。

大　分　類		説　　　明
分類番号	分 類 項 目	
3	その他の装置等	上記の動力機械および物上げ装置，運搬機械を除く装置等をいう。

中　分　類		説　　　明
分類番号	分 類 項 目	
31	圧力容器	ボイラーおよび圧力容器をいう。

		ボイラー及び圧力容器安全規則適用外のものを含む。
		配管および付属品を含む。
32	化学設備	危険物等を製造し，または取り扱う設備であって定置式のものをいう。
		配管および付属設備を含む。
		圧力容器，溶接装置および乾燥装置は，当該機械に分類する。
33	溶接装置	アーク溶接，ガス溶接，テルミット溶接，スポット溶接等による溶接装置をいう。
34	炉窯等	炉，窯，釜，乾燥設備等をいう。
35	電気設備	電動機等であって他の機械，装置の一部として組み込まれているものは，当該機械，装置に分類する。
		独立の電動機は，原動機に分類する。
36	人力機械工具等	人力による機械，クレーン，運搬機および手工具等をいう。
37	用具	機械装置にセットされ，その一部分になった状態のものは除く。
39	その他の装置，設備	圧力容器，化学設備，溶接装置，炉，窯等，電気設備，人力機械工具等，用具に分類されない装置設備をいう。

【解　説】

　原則として当該装置の有する物理的危険性および化学的危険性による場合であって，据付け等のため運搬中の装置等はここには分類しない。

大　分　類		説　　明
分類番号	分類項目	
4	仮設物，建築物，構築物等	上記の物上げ装置，運搬機械およびその他の装置に分類されるものを除く。

中　分　類		説　　明
分類番号	分類項目	
41	仮設物，建築物，構築物等	仮設物等の上で作業を行う場合のように当該物が作業面である場合または仮設物等が倒壊した場合のように起因物が当該物そのものである場合に適用する。
		なお，作業面としては，屋内，または屋外の別を問わ

		ず適用する。 　電気設備に分類されるものおよび装置の部分をなす構築物を除く。 ［事故の型との関係］ 　作業面としては，主として人をささえるために使用する場合に適用され，事故の型が墜落，転落，または転倒の場合に起因物となることが多い。 　物そのものとしては事故の型が崩壊，倒壊である場合の起因物となることが多い。

【解　説】

　この分類にあげてある物は，本来特定の場所において，各種の部材をもって組み立てるものであることから，建造中のもの解体中のものを含むこととしている。

　そのために，次の材料との区分があいまいなものも出てくるが，その場合には一体になっているか否か（取り付けられたか否か）によって判断するものとする。

　たとえば，下水道管を埋設するために取扱い中に足の上に落とした場合の下水道管（ヒューム管）は材料の529「その他の材料」に分類し，取り付けられた下水道管上で作業中転落した場合の下水道管は418「建築物，構築物」に分類する。

大　分　類		説　　　　明
分類 番号	分　類　項　目	
5	物質，材料	危険物，有害物，材料等をいう。

中　分　類		説　　　　明
分類 番号	分　類　項　目	
51	危険物，有害 物等	GHS 分類における「物理化学的危険性」（以下「危険性」という。）を有するものを「危険物」，「健康に対する有害性」（以下「有害性」という。）を有するものを「有害物」と分類し，危険物および有害物の両方に該当するものの場合，災

		害が危険性・有害性のいずれの性質により発生したものか によって整理する。具体例は次のとおり。 　・危険物 　　火薬類ならびに労働安全衛生法施行令別表第1に示す 危険物およびこれらに準ずるもの 　・有害物 　　特定化学物質障害予防規則に定める「特定化学物質」， 有機溶剤中毒予防規則に定める「有機溶剤等」，鉛中毒予 防規則に定める「鉛等，焼結鉱」，四アルキル鉛中毒予防 規則に定める四アルキル鉛等およびこれらに準ずるもの 　　なお，本分類には放射線を含む。
52	材料	材料が機械装置等にセットされた状態の場合は，当該機 械装置に分類する。 　　セットされた被加工材料の切削片が飛来した場合の起 因物も当該機械装置に分類する。

【解　説】

　材料を機械，装置，仮設物，建築物，構築物等の一部分とみるか，材料単体としてみるかは難しい場合があるが，一体となっているか否かで判断するものとする。

　また，材料と荷との関係も判断に迷う場合があるが，これについては6の荷で解説する。

大　分　類		説　　　　明
分類 番号	分類項目	
6	荷	もっぱら貨物等輸送するために特定の荷姿をした物および据え付けるため運搬中の機械装置等をいう。

中　分　類		説　　　　明
分類 番号	分類項目	
61	荷	荷等であっても，特定の荷姿をしていない物および据え付けるため運搬中の機械・装置等でない物は，材料等当該項目に分類する。

【解　説】

　起因物を荷とみるか，材料とみるかは判断に苦しむ場合が多いが，運搬中のものはすべて荷とする場合には，その荷の特性が把握されないところから，この分類においては，特定の荷姿をしたものに限り荷として取り扱うこととし，その他は，材料等の特性をクローズアップさせる立場からそれぞれ該当する項目に分類することとしている。

　また，機械，装置等にあっては設置されて運転中に発生する災害にくらべ，機械の据付け等のための運搬中の災害は機械，装置等の特性による災害ではないことから，これらについては特に荷として取り扱うこととしている。

　なお，材料を荷の状態にあるか否かによって区分する方法も考えられるが，その場合は取扱いと運搬との区分が困難となり，大部分の物が荷とみなされるおそれがあるため，この分類においては荷は特定のものに限定することとしている。

大　分　類		説　　　　　明
分類番号	分類項目	
7	環境等	主として自然環境をいう。

中　分　類		説　　　　　明
分類番号	分類項目	
71	環境等	人工的作業環境のものを含む。

【解　説】

　主として自然環境および人工的な作業環境をいうが，小分類において対象を特定しており，通路および道路等はこの分類においては環境には分類せず，大分類の4に分類することとしている。

大　分　類		説　　　　明
分類番号	分類項目	
9	その他	上記のいずれにも分類されないものをいう。

中　分　類		説　　　　明
分類番号	分類項目	
91	その他の起因物	上記のいずれにも分類されない起因物をいう。
92	起因物なし	用務のため平滑な通路を歩行中，足をひねって捻挫したというように起因となるもののない場合をいう。 　［事故の型との関係］ 　　事故の型が動作の反動，無理な動作に分類され，起因物および加害物のない場合には，起因物なしに分類される。
99	分類不能	分類する判断資料に欠け，分類困難な場合をいう。 　起因物が明らかであって分類項目のないものは，その他の起因物に分類する。

【解　説】

　事故の型のその他においてもふれたが，不明瞭なものが**その他の起因物**に分類されないように，分類には細心の注意をはらうことが必要である。

　起因物なしについては31ページの選択の順序で説明したように，人にのみなんらかの不安全な要因がある場合であって，とくに起因物または加害物となるような物のない場合に限定して適用する。

　分類不能については，提出された資料からはデータ不足で分類できないような場合に限り，この項目に分類する。

　このことから，事業場で起因物分類を採用する場合には，容易に再調査ができるためこの分類不能の項目は設ける必要はないであろう。

第5章　分類の参考例

　一つの事故がもととなって複数の災害を引き起こした場合および第二，第三の事故が玉突き現象となって災害を発生した場合においては，25ページの事故の型の分類の方法，30ページの起因物の分類の方法および32ページの事故の型と起因物との関係において示したことがらを基本として，次の分類の参考例にならって分類することが必要である。

1　クレーンに関係する災害（3例）

① 　クレーンでつり荷を運搬中，作業者がつり荷に激突され，作業床の開口部から墜落してコンクリートに激突，頭部を打撲した場合

　　この場合の事故の型は，物であるつり荷が人に接触した「激突され」（分類番号6）とそのために開口部から人が落ちた「墜落」（分類番号1）の二つがあげられ，被害の程度により「激突され」とするか，「墜落」とするかは迷いやすいところであるが，このような場合は，被害の大小にかかわらず25ページの分類方法に示すところにより発端となった現象の「激突され」とする。

　　この災害は33ページのモデル図に示したところにより概略を示すと下記のようになる。

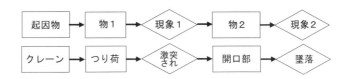

現象1および現象2においてはいずれも人との接触がみられる。

なお，起因物としては，事故の型の「激突され」に対応する「クレーン」（分類番号211）（この場合は，つり荷は加害物であって起因物とはならない。それは人がつり荷に激突されるような不安全な状態にあったのはクレーンの運転によるもので起因物としてはクレーンが考えられる）と「墜落」に対応する「開口部」（分類番号414）（この場合は，開口部に手すりとか柵がなかったとか，あっても不安全な状態があったかが問題となる）とが考えられるが，事故の型は発端となった現象を選択することから「激突され」となる。また，起因物としては激突に対応してクレーンとなる。

② クレーンでつり荷を運搬中，玉掛用ワイヤーロープが切断してつり荷が落下，逃げおくれて足を骨折した場合

この災害は34ページのモデルに示したところにより概略を示すと下記のようになる。

現象1の段階では人との接触はなく，現象2においてはじめて人との接触がみられる。

この場合の事故の型としては，玉掛用ワイヤーロープの切断としたいところであるが，この場合，ワイヤーロープの切断は直接，人に接触する現象をあらわしていないことから，つり荷が人にあたる現象として「落下」（分類番号4）となる。

また，起因物としては，事故の型の「落下」に対応するものとしてつり荷としたいところであるが，つり荷そのものには不安全な状態はなく，玉掛用ワイヤーロープには切断という不安全な状態があることから「玉

掛用具」（分類番号372）となる。

③ クレーンでつり荷を運搬中，巻上用ワイヤーロープが切断してつり荷
が落下，頭部を打撲した場合

　この場合の事故の型は上記②と同様に「落下」（分類番号４）となる。

　起因物は，切断という不安全な状態があった巻上用ワイヤーロープと
みなされるが，中分類21の説明にあるように，巻上用ワイヤーロープは
クレーンなどの一部とみなされることから小分類の「クレーン」（分類番
号211）となる。

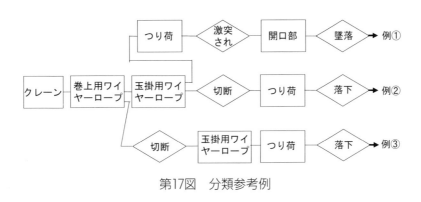

第17図　分類参考例

2　ガス溶接装置に関係する災害（４例）

① ガス溶接装置で溶接作業中に火花が飛散し，ウレタンフォームが燃え
て火傷した場合

　この災害は34ページのモデルに示したところにより概略を示すと下記
のようになる。

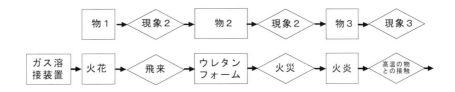

この場合の事故の型は，現象１の火花の飛来と現象２のウレタンフォー

ムの火災と現象 3 の高温の物との接触の三つの現象が考えられるが，事故の型の分類方法に示したとおり特掲事故の火災が最優先することから，「火災」（分類番号16）となる。

　起因物は火災（分類番号16）の説明にあるとおり危険物でないときは火源をとることとなっていることから，「ガス溶接装置」（分類番号331）となる。

② ガス溶接装置で溶接作業中に火花が飛散して，ウレタンフォームが燃え，その煙で CO 中毒にかかった場合

　この災害は34ページのモデルに示したところにより概略を示すと下記のようになる。

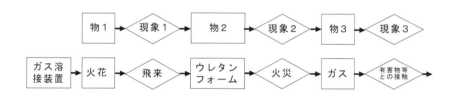

　この場合の事故の型は，発端となった現象として現象 1 の飛来とするか，最優先する現象として現象 2 の火災または現象 3 の有害物等との接触をとるかの三つの場合があげられるが，事故の型の分類方法により最優先する事故の型のうち有害物等の接触は火災より優先されるため，事故の型は「有害物等との接触」（分類番号12）となり，起因物は有害ガス発生の元となったウレタンフォーム（材料の「その他の材料」529）となる。

③ ガス溶接装置で溶接作業中に，火花が飛散し他の箇所で塗装作業中のシンナーに引火し，火傷した場合

　この災害は例②と同じモデルから次のようになる。

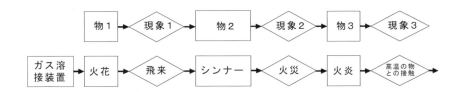

　この場合の事故の型は，最優先する火災（分類番号16）となり，起因物は火災の説明にしたがい危険物であるシンナー（引火性の物，分類番号512）となる。

④　ガス溶接装置で溶接作業中に，火花が飛散し付近で塗装作業中のシンナーの蒸気が引火爆発し鉄片が飛来して裂傷した場合

　　この災害のモデルは下記のようになる。

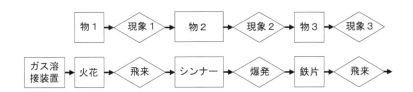

　この場合の事故の型は，最優先する爆発（分類番号14）となり，起因物は分類番号14の爆発の説明にしたがい危険物であるシンナー（引火性の物，分類番号512）となる。

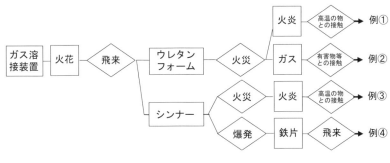

第18図　分類参考例

【付　　録】

事故の型および起因物分類

Ⅰ　分類の大要

　この分類は労働災害防止対策との結びつきを強め，かつ，できるだけ簡明に把握するため死傷災害を事故の型分類および災害の主因に焦点をおいた起因物の2種類とし，これらの分類および業種別等を組み合わせることにより，災害の分布状態を多角的に解明しようとするものである。

Ⅱ　定義および分類方法等

1．事故の型

＜1＞　定　　義

　事故の型とは，傷病を受けるもととなった起因物が関係した現象をいう。

＜2＞　分類および分類コード

　この分類は21項目の分類とし，分類の名称，コードおよび説明は別表のとおりとする。

〔注〕この分類には，おおよそ次の3グループが含まれている。

イ　物もしくは物質に接触した場合または有害環境下にばく露された場合

ロ　爆発，破裂，火災または交通事故による場合

ハ　動作の反動または無理な動作による場合

＜3＞　分類の方法

　分類にあたっては，次の各号により適切なものを選択する。

イ　起因となる物または物質にどのように接触しまたはばく露されたかを示すものを選択する。

ロ　特掲事故（爆発，破裂，火災または交通事故），有害物質との接触または感電を最優先して選択し，その優先順は，爆発，破裂，有害物等との接触，感電，火災，交通事故の順とする。

ハ　特に説明で指示されている場合のほか2種以上の事故の型が競合する場合なら
びに事故の型を決める判断に迷う場合には次の順により選択する。

（イ）災害防止対策を考える立場での重要度による。

（ロ）発端となった現象による。

（ハ）分類番号の若い順による。

２．起因物

＜1＞ 定　義

　起因物とは，災害をもたらすもととなった機械，装置もしくはその他の物または
環境等をいう。

＜2＞　分類および分類コード

　この分類は，次の8項目の大分類とし，分類の名称，コードおよび説明は別表の
とおりとする。

動力機械

物上げ装置，運搬機械

その他の装置等

仮設物，建築物，構築物等

物質，材料

荷

環境等

その他

＜3＞　分類の方法

　分類にあたっては，次の各号により適正なものを選択する。

イ　災害発生にあたっての主因であって，なんらかの不安全な状態が存在するもの
を選択する。

　ただし，災害発生の主因が人のみにある場合には次の順により選択する。

（イ）操作または取扱いをした物（墜落等の場合は作業面）

（ロ）加害物

（ハ）起因物なし

〔注〕起因物（災害をもたらすもととなったもの）と加害物（災害をもたらした直接
のもの）とは同一になる場合が多いが異なる場合もあることに留意のうえ選択
する。

ロ　特に説明で指示されている場合のほか，2種以上の起因物が競合している場合

ならびに起因物をきめる判断に迷う場合には，災害防止対策を考える立場で重要度できめるものとし，なお判定しがたい場合は，分類番号の大分類について若い番号を優先し，以下中分類および小分類においてもそれぞれ若い番号を優先する。

ハ　加害物が溶接装置の火炎のように機械，装置等の通常運転時に発するものおよび被加工物のように機械，装置等の一部と一体となって動くもの等の場合は，特に説明に指示されている場合のほか，当該機械，装置等を選択する。

事故の型分類コード表

分類番号	分類項目	説　　　明
1	墜　落，転　落	人が樹木，建築物，足場，機械，乗物，はしご，階段，斜面等から落ちることをいう。 　乗っていた場所がくずれ，動揺して墜落した場合，砂ビン等による蟻地獄の場合を含む。 　車両系機械などとともに転落した場合を含む。 　交通事故は除く。 　感電して墜落した場合には感電に分類する。
2	転　　　　　倒	人がほぼ同一平面上でころぶ場合をいい，つまずきまたはすべりにより倒れた場合等をいう。 　車両系機械などとともに転倒した場合を含む。 　交通事故は除く。 　感電して倒れた場合には感電に分類する。
3	激　　　　　突	墜落，転落および転倒を除き，人が主体となって静止物または動いている物にあたった場合をいい，つり荷，機械の部分等に人からぶつかった場合，飛び降りた場合等をいう。 　車両系機械などとともに激突した場合を含む。 　交通事故は除く。
4	飛　来，落　下	飛んでくる物，落ちてくる物等が主体となって人にあたった場合をいう。 　研削といしの破裂，切断片，切削粉等の飛来，その他自分が持っていた物を足の上に落とした場合を含む。 　容器等の破裂によるものは破裂に分類する。
5	崩　壊，倒　壊	堆積した物（はい等も含む），足場，建築物等がくずれ落ちまたは倒壊して人にあたった場合をいう。

分類番号	分類項目	説　　明
6	激　突　さ　れ	立てかけてあった物が倒れた場合，落盤，なだれ，地すべり等の場合を含む。 　飛来，落下，崩壊，倒壊を除き，物が主体となって人にあたった場合をいう。 　つり荷，動いている機械の部分などがあたった場合を含む。 　交通事故は除く。
7	は　さ　ま　れ， 巻　き　込　ま　れ	物にはさまれる状態および巻き込まれる状態でつぶされ，ねじられる等をいう。プレスの金型，鍛造機のハンマ等による挫滅創等はここに分類する。 　ひかれて巻き込まれる場合を含む。 　交通事故は除く。
8	切れ，こすれ	こすられる場合，こすられる状態で切られた場合等をいう。 　刃物による切れ，工具取扱中の物体による切れ，こすれ等を含む。
9	踏　み　抜　き	くぎ，金属片等を踏み抜いた場合をいう。 　床，スレート等を踏み抜いたものを含む。 　踏み抜いて墜落した場合は墜落に分類する。
10	お　ぼ　れ	水中に墜落しておぼれた場合を含む。
11	高温・低温の 物　と　の　接　触	高温または低温の物との接触をいう。 　高温または低温の環境下にばく露された場合を含む。 ［高温の場合］ 　火炎，アーク，溶融状態の金属，湯，水蒸気等に接触した場合をいう。炉前作業の熱中症等高温環境下にばく露された場合を含む。 ［低温の場合］ 　冷凍庫内等低温の環境下にばく露された場合を含む。
12	有害物等との 接　　　　触	放射線による被ばく，有害光線による障害，一酸化炭素中毒，酸素欠乏症ならびに高気圧，低気圧等有害環境下にばく露された場合を含む。
13	感　　　　電	帯電体にふれ，または放電により人が衝撃を受けた場合をいう。 　［起因物との関係］ 　金属製カバー，金属材料等を媒体として感電した場合

分類番号	分類項目	説　　明
		の起因物は，これらが接触した当該設備，機械装置に分類する。
*14	爆　発	圧力の急激な発生または解放の結果として，爆音をともなう膨張等が起こる場合をいう。 　破裂を除く。 　水蒸気爆発を含む。 　容器，装置等の内部で爆発した場合は，容器，装置等が破裂した場合であってもここに分類する。 〔起因物との関係〕 　容器，装置等の内部で爆発した場合の起因物は，当該容器装置等に分類する。 　容器，装置等から内容物が取り出されまたは漏えいした状態で当該物質が爆発した場合の起因物は，当該容器，装置に分類せず，当該内容物に分類する。
*15	破　裂	容器，または装置が物理的な圧力によって破裂した場合をいう。 　圧かいを含む。 　研削といしの破裂等機械的な破裂は飛来落下に分類する。 〔起因物との関係〕 　起因物としてはボイラー，圧力容器，ボンベ，化学設備等がある。
*16	火　災	〔起因物との関係〕 　危険物の火災においては危険物を起因物とし，危険物以外の場合においては火源となったものを起因物とする。
*17	交通事故（道　路）	交通事故のうち道路交通法適用の場合をいう。
*18	交通事故（そ　の　他）	交通事故のうち，船舶，航空機および公共輸送用の列車，電車等による事故をいう。 　公共輸送用の列車，電車等を除き，事業場構内における交通事故はそれぞれ該当項目に分類する。
19	動作の反動，無理な動作	上記に分類されない場合であって，重い物を持ち上げて腰をぎっくりさせたというように身体の動き，不自然な姿勢，動作の反動などが起因して，すじをちがえる，くじき，ぎっくり腰およびこれに類似した状態になる場合をいう。

分類番号	分類項目	説　　明
90	そ　の　他	バランスを失って墜落，重い物を持ち上げすぎて転倒等の場合は無理な動作等が関係したものであっても，墜落，転倒等に分類する。 　上記のいずれにも分類されない傷の化膿，破傷風等をいう。
99	分 類 不 能	分類する判断資料に欠け，分類困難な場合をいう。

（＊印は特掲事故）

起因物分類コード表

1．大分類

大　分　類		説　　明
分類番号	分 類 項 目	
1	動 力 機 械	動力を用いて，主として物の機械的加工を行うため，各機械構造部分の組み合わされた物をいう。 　原動機および動力伝導機構を含む。
2	物上げ装置，運 搬 機 械	動力を用いて，物をつり上げまたは運搬することを目的とする機械装置をいう。
3	その他の装置等	上記の動力機械および物上げ装置，運搬機械を除く装置等をいう。
4	仮設物，建築物，構築物等	上記の物上げ装置，運搬機械およびその他の装置に分類されるものを除く。
5	物 質，材 料	危険物，有害物，材料等をいう。
6	荷	もっぱら貨物等輸送するために特定の荷姿をした物および据え付けるため運搬中の機械装置等をいう。
7	環　　境　　等	主として自然環境をいう。
9	そ　の　他	上記のいずれにも分類されないものをいう。

２．中分類

中 分 類		説　　明
分類番号	分類項目	
11	原　動　機	機械，装置に直接組み込まれたものは，当該機械装置に分類する。
12	動力伝導機構	原動機により機械の作業点に動力を伝える機械的装置をいう。 　機械，装置に直接組み込まれたものは，当該機械装置に分類する。
13	木材加工用機械	製材機械，合板用機械，木工用機械（自動送り装置を有するものを含む）をいう。 　携帯式動力工具を含む。
14	建設機械等	掘削，積込み，運搬（いわゆる自動車によるものを除く）締固め等に用いる機械（車両に限る。）であって，建設業，林業，港湾荷役作業等すべての業種において用いられるものをいう。
15	金属加工用機械	切削，研削，引抜き，プレス等の金属加工に用いる機械をいう。 　携帯式動力工具を含む。
16	一般動力機械	木材加工用機械，建設機械等および金属加工用機械（金属ロール機を除く）を除く一般の動力機械をいう。 　携帯式動力工具を含む。 　動力運搬機，乗物，装置等は，それぞれ当該装置等に分類する。
17	車両系木材伐出機械等	伐木等機械，走行集材機械，架線集材機械等の車両をいう。 　架線集材機械が機械集材装置または簡易架線集材装置の集材機として用いられている場合は，当該装置に分類する。
21	動力クレーン等	動力による物上げ装置をいう。 　クレーン等安全規則適用外のものも含む。 　巻上用ワイヤーロープ等物上げ装置の一部になった状態のものを含む。
22	動力運搬機	動力クレーン等，乗物を除き，動力を用いて運搬する機械をいう。
23	乗　　物	いわゆる交通機関をいう。

中　分　類		説　　　明
分類番号	分類項目	
31	圧　力　容　器	ボイラーおよび圧力容器をいう。 　ボイラー及び圧力容器安全規則適用外のものを含む。 　配管および付属品を含む。
32	化　学　設　備	危険物等を製造し，または取り扱う設備であって定置式のものをいう。 　配管および付属設備を含む。 　圧力容器，溶接装置および乾燥装置は，当該機械に分類する。
33	溶　接　装　置	アーク溶接，ガス溶接，テルミット溶接，スポット溶接等による溶接装置をいう。
34	炉　　窯　　等	炉，窯，釜，乾燥設備等をいう。
35	電　気　設　備	電動機等であって他の機械，装置の一部として組み込まれているものは，当該機械，装置に分類する。 　独立の電動機は，原動機に分類する。
36	人力機械工具等	人力による機械，クレーン，運搬機および手工具等をいう。
37	用　　　　具	機械装置にセットされ，その一部分になった状態のものは除く。
39	その他の装置，設備	圧力容器，化学設備，溶接装置，炉，窯等，電気設備，人力機械工具等，用具に分類されない装置設備をいう。
41	仮設物，建築物，構築物等	仮設物等の上で作業を行う場合のように当該物が作業面である場合または仮設物等が倒壊した場合のように起因物が当該物そのものである場合に適用する。 　なお，作業面としては，屋内，または屋外の別を問わず適用する。 　電気設備に分類されるものおよび装置の部分をなす構築物を除く。 ［事故の型との関係］ 　作業面としては，主として人をささえるために使用する場合に適用され，事故の型が墜落，転落，または転倒の場合に起因物となることが多い。 　物そのものとしては事故の型が崩壊，倒壊である場合の起因物となることが多い。

中　分　類		説　　　　明
分類番号	分　類　項　目	
51	危険物，有害物等	GHS分類における「物理化学的危険性」（以下「危険性」という。）を有するものを「危険物」，「健康に対する有害性」（以下「有害性」という。）を有するものを「有害物」と分類し，危険物および有害物の両方に該当するものの場合，災害が危険性・有害性のいずれの性質により発生したものかによって整理する。具体例は次のとおり。 　・危険物 　火薬類ならびに労働安全衛生法施行令別表第1に示す危険物およびこれらに準ずるもの 　・有害物 　特定化学物質障害予防規則に定める「特定化学物質」，有機溶剤中毒予防規則に定める「有機溶剤等」，鉛中毒予防規則に定める「鉛等，焼結鉱」，四アルキル鉛中毒予防規則に定める四アルキル鉛等およびこれらに準ずるもの 　なお，本分類には放射線を含む。
52	材　　　　料	材料が機械装置等にセットされた状態の場合は，当該機械装置に分類する。 　セットされた被加工材料の切削片が飛来した場合の起因物も当該機械装置に分類する。
61	荷	荷等であっても，特定の荷姿をしていない物および据え付けるため運搬中の機械・装置等でない物は，材料等当該項目に分類する。
71	環　　境　　等	人工的作業環境のものを含む。
91	その他の起因物	上記のいずれにも分類されない起因物をいう。
92	起因物なし	用務のため平滑な通路を歩行中，足をひねって捻挫したというように起因となるもののない場合をいう。 　〔事故の型との関係〕 　事故の型が動作の反動，無理な動作に分類され，起因物および加害物のない場合には，起因物なしに分類される。
99	分　類　不　能	分類する判断資料に欠け，分類困難な場合をいう。 　起因物が明らかであって分類項目のないものは，その他の起因物に分類する。

3．小分類

大分類	中分類	小分類		説　　明
		分類番号	分類項目	
1 動力機械	11 原動機	111	原　動　機	電動機，発電機，蒸気機関，蒸気タービン，内燃機関，水車等をいう。
	12 動力伝導機構	121	動力伝導機構	回転軸，ベルト，プーリ，歯車，クラッチ，変速機等をいう。
	13 木材加工用機械	131	丸　の　こ　盤	振子式丸のこ盤，トリマ，リッパ等のほか，携帯用丸のこ盤を含む。 　昇降盤および傾斜盤は一般に丸のこ盤に該当するが，災害発生の際，カッターを使用していた場合は139の「その他」に分類する。
		132	帯　の　こ　盤	テーブル式のものを含む。
		133	か　ん　な　盤	手押かんな盤，自動かんな盤等をいう。 　携帯用のものを含む。
		134	角のみ盤，木工ボール盤	木工卓上ボール盤等を含む。
		135	面とり盤，ルータ，木工フライス盤	木工立フライス盤，木工横フライス盤等を含む。
		136	チェーンソー	
		139	その他の木材加工用機械	上記に分類されないほぞ取り盤，木工旋盤，木工用サンダ，ベニヤ製造機械等をいう。
	14 建設機械等	141	整地・運搬・積込み用機械	ブル・ドーザー，モーター・グレーダー，トラクター・ショベル，ずり積機，スクレーパーおよびスクレープ・ドーザーをいう。
		142	掘削用機械	パワー・ショベル，ドラグ・ショベル，ドラグライン，クラムシェル，バケット掘削機およびトレンチャーをいう。
		143	基礎工事用機械	くい打機，くい抜機，アース・ドリル，リバース・サーキュレーション・ドリル，せん

大分類	中分類	小分類		説　明
		分類番号	分類項目	
1 動力機械	14 建設機械等			孔機（チュービングマシンを有するものに限る），アース・オーガおよびペーパー・ドレーン・マシンをいう。 　移動式クレーンにバイブロ・ハンマーなどをセットしたものを含む。
		144	締固め用機械	タイヤ・ローラー，ロード・ローラー，振動ローラー，タンピング・ローラー等のローラーをいう。
		145	解体用機械	ブレーカ，鉄骨切断機，コンクリート圧砕機および解体用つかみ機をいう。 　油圧ショベルのバケットを打撃式破砕機に交換したものを含む。
		146	高所作業車	
		149	その他の建設機械等	上記に分類されないコンクリート打設用機械，トンネル掘進機，せん孔用機械，舗装・路盤用機械，道路維持除雪機械等をいう。
	15 金属加工用機械	151	旋盤	普通旋盤，タレット旋盤，立旋盤，正面旋盤等をいう。 　木工旋盤を除く。
		152	ボール盤，フライス盤	中ぐり盤等を含む。
		153	研削盤，バフ盤	卓上（床上）用グラインダおよび可搬式グラインダを含む。 　木工サンダ等を除く。
		154	プレス機械	プレス機械とはクランクプレス，フリクションプレス，ナックルプレス，油圧プレス等をいう。 　鍛造プレス，ハンマ，射出成形機等は除く。
		155	鍛圧ハンマ	エアハンマ，スチームハンマ，スプリングハンマ，ドロップハンマ等をいう。 　プレス機械は除く。
		156	シャー	シャーとは，金属シャー，布または紙の断さい機等をいう。
		159	その他の金属加工用機械	上記に分類されないブローチ盤，金切り盤・切断機，特殊加工機械等をいう。

大分類	中分類	小 分 類		説　　明
		分類番号	分類項目	
1 動力機械	16 一般動力機械	161	遠 心 機 械	遠心分離器，遠心脱水機，遠心鋳造機等をいう。
		162	混合機・粉砕機	混合機とは，かきまぜ機，混和機，こねまぜ機等をいう。 　粉砕機とは，ジョークラッシャ，円すい粉砕機，ロールクラッシャ，エッジランナ，ボールミル等をいう。
		163	ロール機（印刷ロール機を除く。）	金属用ロール機，練りロール機，カレンダーロール機，食品製造用ロール機等をいう。 　巻取ロールおよび製紙用ドライヤ等を含む。
		164	射 出 成 形 機	
		165	食品加工用機械	製パン機械，製菓機械，肉類加工機械，水産加工機械等をいう。 　食品製造用ロール機を除く。
		166	印 刷 用 機 械	印刷製本機械等をいう。 　印刷ロール機を含む。
		167	産業用ロボット	操縦ロボット，シーケンスロボット，プレイバックロボット，数値制御ロボット，知能ロボット，感覚制御ロボット，適応制御ロボット，学習制御ロボット等をいう。
		169	その他の一般動 力 機 械	上記に分類されない工作機械，繊維機械，パルプ・紙製造機械，紙加工機械，農業用機械，スライサ，スリッタ，ポンプ，ブロワー，ファン，包装荷造機械等をいう。
	17 車両系木材伐出機械等	171	伐 木 等 機 械	フェラーバンチャ，ハーベスタ，プロセッサ，木材グラップル機，グラップルソー等をいう。
		172	走行集材機械	フォワーダ，スキッダ，集材車，集材用トラクター等をいう。
		173	架線集材機械	タワーヤーダ，スイングヤーダ，集材ウインチ機等をいう。 　木材グラップル機等にウインチを備え，当該ウインチの巻き上げにより集材する場合を含む。 　架線集材機械が機械集材装置または簡

大分類	中分類	小　分　類		説　　　明
		分類番号	分類項目	
		179	その他の車両系林業用機械	易架線集材装置の集材機として用いられている場合を除く。 上記に分類されない造林機械等の機械をいう。
2 物上げ装置，運搬機械	21 動力クレーン等	211	クレーン	天井クレーン，ジブクレーン，橋形クレーン，アンローダ，ケーブルクレーン，テルハ等をいう。
		212	移動式クレーン	トラッククレーン，ホイールクレーン，クローラクレーン，鉄道クレーン，浮きクレーン等をいう。
		213	デ　リ　ッ　ク	ジンポールを含む。
		214	エレベータ，リフト	エレベータ，建設用リフト，カーリフト，ダムウェータ等をいう。
		215	揚　貨　装　置	クレーンまたはデリックであって港湾荷役作業を行うため船舶に取り付けられたものをいう。
		216	ゴ　ン　ド　ラ	ゴンドラ安全規則適用のものをいう。 　ゴンドラには人力のものも含む。
		217	機　械　集　材　装置，運材索道	ウインチ，架線集材機械等であっても機械集材装置の一部分として用いられているものは，機械集材装置に含む。運材索道には重力式のものが含まれる。
		218	簡 易 架 線 集 材装置	ウインチ，架線集材機械等であっても簡易架線集材装置の一部分として用いられているものは，簡易架線集材装置に含む。
		219	その他の動力クレーン等	上記に分類されないホイスト，モータブロック，ウインチ，ジャッキ式つり上げ機械等をいう。 　ホイストであって，クレーンの一部分として用いられているものはクレーンに分類する。 　ウインチであって，デリック，機械集材装置等の一部分として用いられているものは，当該装置に分類する。 　テールゲートリフター付トラックは含まない。

大分類	中分類	小 分 類		説　　明
		分類番号	分類項目	
2　物上げ装置，運搬機械	22　動力運搬機	221	ト ラ ッ ク	トレーラ，ローリ，ミキサ車等を含む。
		222	フォークリフト	フォークリフトのフォークを他のアタッチメントに取りかえたものを含む。
		223	軌 道 装 置	事業場付帯の軌道装置をいう。
		224	コ ン ベ ア	ベルトコンベア，ローラコンベア，チェーンコンベア，スクリューコンベア等をいう。
		225	ロ ー ダ ー	ショベルローダー，フォークローダー等をいう。
		226	ストラドルキャリヤー	車体内面上部に懸架装置を備え，荷を運搬する荷役車両をいう。
		227	不整地運搬車	
		229	その他の動力運搬機	上記に分類されないキャプスタン等をいう。
	23　乗物	231	乗用車，バス，バイク	タクシーを含む。
		232	鉄 道 車 両	貨物列車を含む。
		239	その他の乗物	上記に分類されない航空機，船舶等をいう。
3　その他の装置等	31　圧力容器	311	ボ イ ラ ー	蒸気ボイラー，温水ボイラー，熱媒を用いるボイラー等をいう。 ［事故の型と関係］ 　ボイラー点火時の逆火および煙道ガス爆発の起因物はここに分類する。
		312	圧 力 容 器	加熱器，蒸煮器，反応器，蒸発器，スチームアキュームレータ，圧縮空気タンク等の圧力容器をいう。
		319	その他の圧力容器	上記に分類されない酸素ボンベ，溶解アセチレン容器等をいう。 　ガス溶接に使用されているものはガス溶接装置に分類する。
	32　化学設備	321	化 学 設 備	圧力容器に該当しない反応器，蒸留塔，抽出器，分離器，貯蔵タンク等をいう。

大分類	中分類	小　分　類		説　　明
		分類番号	分類項目	
3　その他の装置等	33　溶接装置	331	ガス溶接装置	アセチレンガス溶接装置，ガス集合溶接装置，その他のガス溶接装置をいう。　溶接，溶断に用いないガス集合装置は319のその他の圧力容器に分類する。
		332	アーク溶接装置	被覆アーク溶接，サブマージアーク溶接，炭酸ガスアーク溶接，ミグ溶接，ティグ溶接等に用いる装置等をいう。
		339	その他の溶接装置	上記に分類されないテルミット溶接，エレクトロスラグ溶接，電子ビーム溶接，プラズマ溶接に用いる装置等をいう。
	34　炉窯等	341	炉，　　　窯	炉とは，高炉，転炉，平炉，電弧炉，電熱炉，ルツボ炉，キューポラ炉等をいう。　窯とは，ロータリーキルン，トンネルキルン，電熱窯，ガス発生炉等をいう。　煮沸槽，煮釜等を含む。
		342	乾　燥　設　備	熱源を用いて物を加熱乾燥する乾燥室および乾燥器をいう。
		349	その他の炉窯等	上記に分類されない原子炉等をいう。
	35　電気設備	351	送配電線等	引込線，屋内配線，移動電線等最終電気使用設備に至るまでの電線類，支持用の塔，柱塔を含む。
		352	電　力　設　備	変圧器，コンデンサー等のほか，開閉器類を含む。　［参考］開閉操作のアークによる傷害の場合の起因物はここに分類する。
		359	その他の電気設備	上記に分類されない照明設備，ハンドランプその他の電気設備等をいう。　電弧炉，電熱炉，電熱窯は炉，窯等に分類する。
	36　人力機械工具等	361	人力クレーン等	チェーンブロック，手巻きウインチ，ジャッキ等をいう。
		362	人　力　運　搬　機	ねこ車，一輪車，自転車，ロールボックスパレット，台車等をいう。
		363	人　力　機　械	上記の361または362に分類されない手回しプレス，けとばしプレス，荷締機等をいう。

| 大分類 | 中分類 | 小分類 | | 説　　明 |
		分類番号	分類項目	
3 そ の 他 の 装 置 等		364	手　工　具	ハンマ，スパナ，レンチ，スコップ，ツルハシ，手のこ，とび口，包丁，ナイフ，はさみ等をいう。
	37 用 具	371	は　し　ご　等	はしご等の上で作業を行う場合のように作業面としてのはしご，脚立，踏台等を含む。
		372	玉　掛　用　具	玉掛用ロープ，チェーン等をいう。
		379	その他の用具	上記に分類されないロープ，万力，パレット注射針等医療用器具等をいう。
	39 そ の 他 の 装 置 ・ 設 備	391	その他の装置，設備	上記311〜379に含まれない冷凍設備，集じん装置，槽等をいう。 　ガスストーブ等什器を含む。 　タワー，タンク，サイロ，ビン，ピット等は化学設備である場合を除き，仮設物，構築物等に分類する。
4 仮 設 物 ・ 建 築 物 ・ 構 築 物 等	41 仮 設 物 ・ 建 築 物 ・ 構 築 物 等	411	足　　　　場	丸太足場，鋼管足場，わく組足場，うま足場，つり足場等をいう。
		412	支　　保　　工	型わく支保工，ずい道型わく支保工，土止め支保工，ずい道支保工等をいう。
		413	階　段，桟　橋	はしご道を含む。
		414	開　　口　　部	主として作業面としての分類である。
		415	屋根,はり,もや,けた,合掌	
		416	作業床,歩み板	
		417	通　　　　路	主として作業面としての分類である。
		418	建築物，構築物	建築物とは木造，鉄骨造，鉄筋鉄骨コンクリート造，組積造等の建築物（建築中，解体中も含む），建造中の船舶等をいう。 　構築物とは，えん堤，ずい道，橋梁，地下構築物，よう壁，タワー，サイロ，ビン，ピット，溝等をいう。
		419	その他の仮設物，建築物，構築物等	上記に分類されないものをいう。

大分類	中分類	小分類		説　　明
		分類番号	分類項目	
5 物質・材料	51 危険物・有害物等	511	爆発性の物等	労働安全衛生法施行令別表第1に示す爆発性の物，発火性の物，酸化性の物およびこれらに準ずる物をいう。 　煙火，ダイナマイト等の火薬類を含む。 　有害性による災害の場合は514に分類する。
		512	引火性の物	労働安全衛生法施行令別表第1に示す引火性の物およびこれに準ずる物をいう。 　有害性による災害の場合は514に分類する。
		513	可燃性のガス	労働安全衛生法施行令別表第1に示す可燃性のガスをいう。 　有害性による災害の場合は514に分類する。
		514	有　害　物	特定化学物質障害予防規則に定める「特定化学物質」，有機溶剤中毒予防規則に定める「有機溶剤等」，鉛中毒予防規則に定める「鉛等，焼結鉱」，四アルキル鉛中毒予防規則に定める四アルキル鉛等をいう。 　内燃機関・練炭，ガス機器等の使用により発生した一酸化炭素（工業用途で使用する場合を除く。）は519に分類する。
		515	放　射　線	電離放射線障害防止規則に定める放射線をいう。
		519	その他の危険物，有害物等	上記に分類されない危険物または有害物をいう。 　上記に分類されない労働安全衛生法第57条の2の規定に基づく通知対象物は，ここに分類する。
	52 材料	521	金属材料	板，棒，パイプ，型材，帯材，線材，ボルト，ナット，ねじ，釘，スクラップ等をいう。 　溶融状態の金属を含む。
		522	木材・竹材	丸太，板，角材，合成材等をいう。
		523	石，砂，砂利	

大分類	中分類	小分類		説　　　明
		分類番号	分類項目	
		529	その他の材料	上記に分類されないガラス，陶磁器等をいう。
6 荷	61 荷	611	荷姿のもの	コンテナ，箱もの，袋もの，ドラム缶等特定の荷姿のものをいう。　運搬のためたばねたものを含む。
		612	機械装置	特定の荷姿のものを除き，据え付け等のため運搬中の機械装置等をいう。
7 環境等	71 環境等	711	地山，岩石	土砂崩壊，岩石の落下等によるものは，ここに分類する。
		712	立木等	伐倒木を含む。
		713	水	海，川，池等のものをいう。
		714	異常環境等	潜函病，潜水病，高山病等異常気圧による障害をおこした環境その他酸素欠乏危険環境，騒音環境等をいう。
		715	高温・低温環境	高温または低温の作業環境をいう。
		719	その他の環境等	上記に分類されない動物，植物，風雪等をいう。
9 その他	91 その他の起因物	911	その他の起因物	上記のいずれにも分類されない病原菌，細菌等をいう。
	92 起因物なし	921	起因物なし	
	99 分類不能	999	分類不能	

労働災害分類の手引き
—統計処理のための原因要素分析—

平成30年10月15日　第1版第1刷発行
令和5年2月28日　第2版第1刷発行

編　　者　中央労働災害防止協会
発行者　平　山　　　剛
発行所　中央労働災害防止協会
　　　　〒108-0023
　　　　東京都港区芝浦3丁目17番12号
　　　　　　　　　　吾妻ビル9階
　　　　電話　販売　03(3452)6401
　　　　　　　編集　03(3452)6209
印刷・製本株式会社丸井工文社